根据十八届四中全会决定中提出的
国家机关"谁执法谁普法"精神最新编写

粮 食
法律知识读本

中国社会科学院法学研究所法治宣传教育与公法研究中心◎组织编写

总顾问：张苏军　　总主编：陈泽宪

本册主编：马丽丽　闫天宇　赵　波

以案释法版

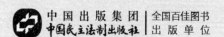

中国出版集团　全国百佳图书
中国民主法制出版社　出版单位

谁执法 谁普法

图书在版编目（CIP）数据

粮食法律知识读本：以案释法版 / 中国社会科学院法学研究所法治宣传教育与公法研究中心组织编写. --北京：中国民主法制出版社，2016.10
（谁执法谁普法系列丛书）
ISBN 978-7-5162-1257-8

Ⅰ.①粮… Ⅱ.①中… Ⅲ.①粮食问题－法律－基本知识－中国
Ⅳ.①D922.44

中国版本图书馆CIP数据核字（2016）第189817号

责任编辑 / 张静西
装帧设计 / 郑文娟

书　　　名 / 粮食法律知识读本（以案释法版）
作　　　者 / 马丽丽　闫天宇　赵　波
出版·发行 / 中国民主法制出版社
社　　　址 / 北京市丰台区右安门外玉林里7号（100069）
电　　　话 / 010-62152088
传　　　真 / 010-62168123
经　　　销 / 新华书店
开　　　本 / 16开　710mm×1000mm
印　　　张 / 10.75
字　　　数 / 183千字
版　　　本 / 2017年1月第1版　　2017年1月第1次印刷
印　　　刷 / 北京精乐翔印刷有限公司

书　　　号 / ISBN 978-7-5162-1257-8
定　　　价 / 28.00元
出 版 声 明 / 版权所有，侵权必究。

丛书编委会名单

总　序

搞好法治宣传教育
营造良好法治氛围

　　全面推进依法治国，是坚持和发展中国特色社会主义，努力建设法治中国的必然要求和重要保障，事关党执政兴国、人民幸福安康、国家长治久安。

　　我们党长期重视依法治国，特别是党的十八大以来，以习近平同志为核心的党中央对全面依法治国做出了重要部署，对法治宣传教育提出了新的更高要求，明确了法治宣传教育的基本定位、重大任务和重要措施。十八届三中全会要求"健全社会普法教育机制"；十八届四中全会要求"坚持把全民普法和守法作为依法治国的长期基础性工作，深入开展法治宣传教育"；十八届五中全会要求"弘扬社会主义法治精神，增强全社会特别是公职人员尊法学法守法用法观念，在全社会形成良好法治氛围和法治习惯"。习近平总书记多次强调，领导干部要做尊法学法守法用法的模范。法治宣传教育要创新形式、注重实效，为我们做好工作提供了基本遵循。

　　当前，我国正处于全面建成小康社会的决定性阶段，依法治国在党和国家工作全局中的地位更加突出，严格执法、公正司法的要求越来越高，维护社会公平正义的责任越来越大。按照全面依法治国新要求，深入开展法治宣传教育，充分发挥法治宣传教育在全面依法治国中的基础作用，推动全社会树立法治意识，为"十三五"时期经济社会发展营造良好法治环境，为实现"两个一百年"奋斗目标和中华民族伟大复兴的中国梦作出新贡献，责任重大、意义深远。

　　为深入贯彻党的十八大和十八届三中、四中、五中全会精神和习近平总书记系列重要讲话精神，以及中共中央、国务院转发《中央宣传部、司法部关于在公民中开展法治宣传教育的第七个五年规划（2016—2020年）》，扎实推进"七五"普法工作，中国社会科学院法学研究所联合中国民主法制出版社，组织国内有关方面的专家学者，在新一轮的五年普法规划实施期间，郑重推出"全面推进依法治国精品书库（六大系列）"，即《全国"七五"普法系列教材（以案释法版，25册）》《青少年法治教育系列教材（法治实践版，30册）》《新时期法治宣传教育工作理论与实务丛书（30册）》《"谁执法谁普法"系列丛书（以案释法版，73册）》《"七五"普法书架——以案释法系列丛书（60册）》和《"谁执法谁普法"系列宣传册（漫画故事版，83册）》。

其中"谁执法谁普法，谁主管谁负责"工作是一项涉及面广、工作要求高的系统工程。它以法律所调整的不同社会关系为基础，以行业监管或主管所涉及的法律法规为主体，充分发挥行业优势和主导作用，在抓好部门、行业内部法治宣传教育的同时，面向普法对象，普及该专属领域所涉及的法律法规的一种创新性普法方式。

实行"谁执法谁普法，谁主管谁负责"是贯彻落实中央精神、贯彻实施"七五"普法规划、深入推进新一轮全国法治宣传教育活动的重要举措。这一重要举措的切实实施，有利于充分发挥执法部门、行业主管的职能优势和主导作用，扩大普法依法治理工作覆盖面，增强法治宣传教育的针对性、专业性，促进执法与普法工作的有机结合，有利于各部门、各行业分工负责、各司其职、齐抓共管的大普法工作格局的形成。

为了深入扎实地做好"谁执法谁普法，谁主管谁负责"工作，我们组织编写了这套《"谁执法谁普法"系列丛书（以案释法版，73册）》。该丛书内容包括全面推进依法治国重大战略布局、宪法、行政法以及文物管理所涉及的法律法规制度。全书采取宣讲要点、以案释法的形式，紧紧围绕普法宣传的重点、法律规定的要点、群众关注的焦点、社会关注的热点、司法实践的难点，结合普法学习、法律运用和司法实践进行全面阐释，深入浅出，通俗易懂，具有较强的实用性和操作性，对于提高行业行政执法和业务管理人员能力水平，增强管理对象的法治意识具有积极意义。

衷心希望丛书的出版，能够为深入推进行业普法起到应有作用，更好地营造尊法学法守法用法的良好氛围。

本书编委会

2016年10月

目　录

第一章
全面推进依法治国的重大战略布局

　　依法治国，就是广大人民群众在党的领导下，依照宪法和法律规定，通过法定形式管理国家事务，管理经济文化事业，管理社会事务，保证国家各项工作都依法进行，逐步实现民主制度化、法律化，建设社会主义法治国家。全面推进依法治国，是我们党从坚持和发展中国特色社会主义，实现国家治理体系和治理能力现代化，提高党的执政能力和执政水平出发，总结历史经验、顺应人民愿望和时代发展要求作出的重大战略布局。全面推进依法治国，必须坚持中国共产党的领导，坚持人民主体地位、坚持法律面前人人平等，坚持依法治国和以德治国相结合，坚持从中国实际出发。坚持依法治国、依法执政、依法行政共同推进，坚持法治国家、法治政府、法治社会一体建设，实现科学立法、严格执法、公正司法、全民守法，促进国家治理体系和治理能力现代化。

第一节　全面推进依法治国方略

　　依法治国，从根本上讲，就是广大人民群众在党的领导下，依照宪法和法律规定，通过法定形式管理国家事务、管理经济文化事业、管理社会事务，保证国家各项工作都依法进行，逐步实现民主制度化、法律化，建设社会主义法治国家。

一、全面推进依法治国的形成与发展过程

　　全面推进依法治国的提出，是对我们党严格执法执纪优良传统作风的传承，是对党的十五大报告提出的"依法治国，建设社会主义法治国家"的深化。历史地看，我们党依法治国基本方略的形成和发展，经历了一个长期的探索发展过程。早在革

命战争年代，我党领导下的革命根据地红色政权就陆续制定和颁布过《中华苏维埃共和国宪法大纲》《中国土地法大纲》《陕甘宁边区施政纲领》等一系列法律制度规定，为新生红色政权的依法产生和依法办事，为调动一切抗日力量抵御外来侵略者，为解放全中国提供了宪法性依据和法律遵循。遵守法纪、依法办事成为这一时期党政工作的一大特色。尽管从总体上看，为适应战时需要，当时主要实行的还是政策为主、法律为辅，但在战争年代，尤其是军事力量对比实力悬殊的情况下，我们党依然能够在革命根据地和解放区坚持探索和实践法制建设，充分显示了一个无产阶级政党领导人民翻身解放、当家作主的博大胸怀。1949年中华人民共和国成立，开启了中国法治建设的新纪元。从1949年到20世纪50年代中期，是中国社会主义法制的初创时期。这一时期中国制定了具有临时宪法性质的《中国人民政治协商会议共同纲领》和其他一系列法律、法令，对巩固新生的共和国政权，维护社会秩序和恢复国民经济，起到了重要作用。1954年第一届全国人民代表大会第一次会议制定的《中华人民共和国宪法》以及随后制定的有关法律，规定了国家的政治制度、经济制度和公民的权利与自由，规范了国家机关的组织和职权，确立了国家法制的基本原则，初步奠定了中国法治建设的基础。20世纪50年代后期至70年代初，特别是"文化大革命"的十年，中国社会主义法制遭到严重破坏。20世纪70年代末，中国共产党总结历史经验，特别是汲取"文化大革命"的惨痛教训，作出把"党和国家的工作重心转移到社会主义现代化建设上来"的重大决策，实行改革开放政策，明确了一定要靠法制治理国家的原则。为了保障人民民主，必须加强社会主义法制，使民主制度化、法律化，使这种制度和法律具有稳定性、连续性和权威性，使之不因领导人的改变而改变，不因领导人的看法和注意力的改变而改变，做到有法可依，有法必依，执法必严，违法必究，成为改革开放新时期法治建设的基本理念。在发展社会主义民主、健全社会主义法制的基本方针指引下，现行宪法以及刑法、刑事诉讼法、民事诉讼法、民法通则、行政诉讼法等一批基本法律出台，中国的法治建设进入了全新发展阶段。20世纪90年代，中国开始全面推进社会主义市场经济建设，由此进一步奠定了法治建设的经济基础，法治建设面临新的更高要求。1997年召开的中国共产党第十五次全国代表大会，将"依法治国"确立为治国基本方略，将"建设社会主义法治国家"确定为社会主义现代化的重要目标，并提出了建设中国特色社会主义法律体系的重大任务。1999年修宪，"中华人民共和国实行依法治国，建设社会主义法治国家"载入宪法，中国的法治建设开启了新篇章。进入21世纪，中国的法治建设继续向前推进。2002年召开的中国共产党第十六次全国代表大会，将"社会主义民主更加完善，社会主义法制更加完备，依法治国基本方略得到全面落实"作为全面建设小康社会的重要目标。2004年修宪，"国家尊重和保障人权"载入宪法。2007年召开的中国共产党第十七次全国代表大会，明确提出全面落实依法治国基本方略，加快建设社会主义法治国家，并对加强社会主义法治建设作出了全面部署。2012年中共十八大召开以来，党中央高度重视依法治国。2014年10月，十八届四中全会专门作出《中共中央关于全面推进依法治国若干重大问题的决定》，描绘了全面推进依法治国的总蓝图、路线图、施工图，标志着依法治国按下了"快进键"、进入了"快车道"，对我国社会主义法治建设具有里程碑意义。在新的历史起点上，我们党更加重视全面依法治国和社会主义法治建设，强调落实依法治国基本方略，加快建设社会主义法治国家，全面推进科学立法、严格执法、公正司法、全民守法进程，强调坚持党的领导，更加注重改进党的领导方式和执政方式；依法治国，首先是依宪治国；依法执政，关键是依宪执政；新形势下，我们党要履行好执政兴国的重大职责，必须依据党章从严治党、依据宪法治国理政；党领导人民制定宪法和法律，党领导人民执行宪法和法律，党自身必须在宪法和法律范围内活动，真正做到党领导立法、保证执法、带头守法。当前，我国全面建成小康社会进入决定性阶段，改革进入攻坚期和深水区。我们党面临的改革发展稳定任务之重前所未有、矛盾风险挑战之多前所未有，依法治国在党和国家工作全局中的地位更加突出、作用更加重大。全面推进依法治国是关系我们党执政兴国、关系人民幸福安康、关系党和国家长治久安的重大战略问题，是完善和发展中国特色社会主义制度、推进国家治理体系和治理能力现代化的重要方面。我们要实现党的十八大和十八届三中、四中、五中全会作出的一系列战略部署，全面建成小康社会、实现中华民族伟大复兴的中国梦，全面深化改革、完善和发展中国特色社会主义制度，就必须在全面推进依法治国上作出总体部署、采取切实措施、迈出坚实步伐。

 以案释法 ①

严格依法办事、坚持从严治党

2015年5月22日，天津市第一中级人民法院鉴于周永康案中一些犯罪事实证据涉及国家秘密，依法对周永康案进行不公开审理。天津市第一中级人民法院经审理认为，周永康受贿数额特别巨大，但其归案后能如实供述自己的罪行，认罪悔罪，绝大部分贿赂系其亲属收受且其系事后知情，案发后主动要求亲属退赃且受贿款物全部追缴，具有法定、酌定从轻处罚情节；滥用职权，犯罪情节特别严重；故意泄露国家秘密，犯罪情节特别严重，但未造成特别严重的后果。根据周永康犯罪的事实、性质、情节和对于社会的危害程度，天津市第一中级人民法院于2015年6月11日宣判，周永康犯受贿罪，判处无期徒刑，剥夺政治权利终身，并处没收个人财产；犯滥用职权罪，判处有期徒刑七年；犯故意泄露国家秘密罪，判处有期徒刑四年，三罪并罚，决定执行无期徒刑，剥夺政治权利终身，并处没收个人财产。周永康在庭审最后陈述时说："我接受检方指控，基本事实清楚，我表示认罪悔罪；有关人员对我家人的贿赂，实际上是冲着我的权力来的，我应负主要责任；自己不断为私情而违法违纪，违法犯罪的事实是客观存在的，给党和国家造成了重大损失；对我问题的依纪依法处理，体现了中国共产党全面从严治党、全面依法治国的决心。"

 释解

　　周永康一案涉及新中国成立以来第一例因贪腐被中纪委立案审查的正国级领导干部。周永康的落马充分反映了我们党全面从严治党、全面依法治国的坚定决心。说明反腐没有"天花板"，无论任何人，不管位有多高，权有多大，只要违法乱纪，一样要严惩不贷。周永康一案的宣判表明，无论是位高权重之人，还是基层党员干部，都应始终敬畏党纪、敬畏国法，不以权谋私，切忌把权力当成自家的"后花园"。通过办案机关依法办案、文明执法、讲事实、讲道理，周永康也认识到自己违法犯罪的事实给党的事业造成的损失，给社会造成了严重影响，并多次表示认罪悔罪。综观周永康一案从侦办、审理到宣判，整个过程都坚持依法按程序办案，很好地体现了"以法治思维和法治方式反对腐败"的基本理念。这充分说明，我们党敢于直面问题、纠正错误，勇于从严治党、依法治国。周永康案件再次表明，党纪国法绝不是"橡皮泥""稻草人"，无论是因为"法盲"导致违纪违法，还是故意违规违法，都要受到追究，否则就会形成"破窗效应"。法治之下，任何人都不能心存侥幸，也不能指望法外施恩，没有免罪的"丹书铁券"，也没有"铁帽子王"。

二、全面推进依法治国必须坚持的基本原则

　　全面推进依法治国是一项系统工程，是国家治理领域一场广泛而深刻的革命，需要付出长期艰苦努力，这一过程中，既要避免不作为，又要防范乱作为。为此，党的十八届四中全会明确提出了全面推进依法治国必须要坚持的基本原则，即坚持中国共产党的领导，坚持人民主体地位，坚持法律面前人人平等，坚持依法治国和以德治国相结合，坚持从中国实际出发。

（一）党的领导原则

　　党的领导是中国特色社会主义最本质的特征，是社会主义法治最根本的保证。把党的领导贯彻到依法治国全过程和各方面，是我国社会主义法治建设的一条基本经验。我国宪法确立了中国共产党的领导地位。坚持党的领导，是社会主义法治的根本要求，是党和国家的根本所在、命脉所在，是全国各族人民的利益所系、幸福所系。实践证明，只有把依法治国基本方略的贯彻实施同依法执政的基本方式统一起来，把党领导立法、保证执法、支持司法、带头守法统一起来，把党总揽全局、协调各方同人大、政府、政协、审判机关、检察机关依法依章程履行职能、开展工作统一起来，把党领导人民制定和实施宪法法律同党坚持在宪法法律范围内活动统一起来，才能确保法治中国的建设有序推进、深入开展。

（二）人民主体原则

在我国，人民是依法治国的主体和力量源泉，法治建设以保障人民根本权益为出发点和落脚点。法治建设的宗旨是为了人民、依靠人民、保护人民、造福人民。因此，全面推进依法治国，必须要保证人民依法享有广泛的权利和自由、承担应尽的义务，维护社会公平正义，促进共同富裕。全面推进依法治国，就是为了更好地实现人民在党的领导下，依照法律规定，通过各种途径和形式管理国家事务，管理经济文化事业，管理社会事务。法律既是保障公民权利的有力武器，也是全体公民必须一体遵循的行为规范，因此全面推行依法治国，必须要坚持人民主体原则，切实增强全社会学法尊法守法用法意识，使法律为人民所掌握、所遵守、所运用。

（三）法律面前人人平等原则

平等是社会主义法律的基本属性。法律面前人人平等，要求任何组织和个人都必须尊重宪法法律权威，都必须在宪法法律范围内活动，都必须依照宪法法律行使权力或权利、履行职责或义务，都不得有超越宪法法律的特权。全面推行依法治国，必须维护国家法制统一、尊严和权威，切实保证宪法法律有效实施，任何人都不得以任何借口任何形式以言代法、以权压法、徇私枉法。必须规范和约束公权力，加大监督力度，做到有权必有责、用权受监督、违法必追究。坚决纠正有法不依、执法不严、违法不究行为。

（四）依法治国和以德治国相结合原则

法律和道德同为社会行为规范，在支撑社会交往、维护社会稳定、促进社会发展方面，发挥着各自不同的且不可替代的交互作用，国家和社会治理离不开法律和道德的共同发挥作用。全面推进依法治国，必须要既重视发挥法律的规范作用，又重视发挥道德的教化作用，要坚持一手抓法治、一手抓德治，大力弘扬社会主义核心价值观，弘扬中华传统美德，培育社会公德、职业道德、家庭美德、个人品德。法治要体现道德理念、强化对道德建设的促进作用，道德要滋养法治精神、强化对法治文化的支撑作用，以实现法律和道德相辅相成、法治和德治相得益彰。

（五）从实际出发原则

全面推进依法治国是中国特色社会主义道路、理论、制度实践的必然选择。建设法治中国，必须要从我国基本国情出发，同改革开放不断深化相适应，总结和运用党领导人民实行法治的成功经验，围绕社会主义法治建设重大理论和实践问题，深入开展法治建设，推进法治理论创新。

三、全面推进依法治国的总体要求

十八届四中全会是我党历史上第一次通过全会的形式专题研究部署、全面推进依法治国问题。全会在对全面推进依法治国的重要意义、重大作用、指导思想和基本原则作了系统阐述的基础上，站在总揽全局、协调各方的高度，对全面推进依法治国进程中的人大、政府、政协、审判、检察等各项工作提出了工作要求。

（一）加强立法工作，完善中国特色社会主义法律体系建设和以宪法为核心的法律制度实施

1.建设中国特色社会主义法治体系，坚持立法先行，发挥立法的引领和推动作用，抓住提高立法质量这个关键

立法工作要恪守以民为本、立法为民理念，贯彻社会主义核心价值观，要符合宪法精神、反映人民意志、得到人民拥护。要把公正、公平、公开原则贯穿立法全过程，完善立法体制机制，坚持立改废释并举，增强法律法规的及时性、系统性、针对性、有效性。坚持依法治国，首先要坚持依宪治国、坚持依宪执政。一切违反宪法的行为都必须予以追究和纠正。为了强化宪法意识，党和国家还确定，每年12月4日定为国家宪法日。在全社会普遍开展宪法教育，弘扬宪法精神。建立宪法宣誓制度，凡经人大及其常委会选举或者决定任命的国家工作人员正式就职时公开向宪法宣誓。

2.完善党对立法工作中重大问题决策的程序

凡立法涉及重大体制和重大政策调整的，必须报党中央讨论决定。党中央向全国人大提出宪法修改建议，依照宪法规定的程序进行宪法修改。法律制定和修改的重大问题由全国人大常委会党组向党中央报告。健全有立法权的人大主导立法工作的体制机制。建立由全国人大相关专门委员会、全国人大常委会法制工作委员会组织有关部门参与起草综合性、全局性、基础性等重要法律草案制度。增加有法治实践经验的专职常委比例。依法建立健全专门委员会、工作委员会立法专家顾问制度。加强和改进政府立法制度建设，完善行政法规、规章制定程序，完善公众参与政府立法机制。重要行政管理法律法规由政府法制机构组织起草。明确立法权力边界，从体制机制和工作程序上有效防止部门利益和地方保护主义法律化。明确地方立法权限和范围，依法赋予设区的市地方立法权。

3.深入推进科学立法、民主立法

加强人大对立法工作的组织协调，健全立法起草、论证、协调、审议机制，健全向下级人大征询立法意见机制，建立基层立法联系点制度，推进立法精细化。更多发挥人大代表参与起草和修改法律的作用。充分发挥政协委员、民主党派、工商联、无党派人士、人民团体、社会组织在立法协商中的作用，拓宽公民有序参与立法途径，广泛凝聚社会共识。

4.加强重点领域立法

依法保障公民权利，加快完善体现权利公平、机会公平、规则公平的法律制度，保障公民人身权、财产权、基本政治权利等各项权利不受侵犯，保障公民经济、文化、社会等各方面权利得到落实，实现公民权利保障法治化。增强全社会尊重和保障人权意识，健全公民权利救济渠道和方式。

（二）深入推进依法行政，加快建设法治政府

各级政府必须坚持在党的领导下、在法治轨道上开展工作，创新执法体制，完善执法程序，推进综合执法，严格执法责任，建立权责统一、权威高效的依法行政体制，加快建设职能科学、权责法定、执法严明、公开公正、廉洁高效、守法诚信的法治政府。

1.依法全面履行政府职能

完善行政组织和行政程序法律制度，推进机构、职能、权限、程序、责任法定化行政机关要坚持法定职责必须为、法无授权不可为，勇于负责、敢于担当，坚决纠正不作为、乱作为，坚决克服懒政、怠政，坚决惩处失职、渎职。行政机关不得法外设定权力，没有法律法规依据不得作出减损公民、法人和其他组织合法权益或者增加其义务的决定。

2.健全依法决策机制

把公众参与、专家论证、风险评估、合法性审查、集体讨论决定确定为重大行政决策作出的法定程序，确保决策制度科学、程序正当、过程公开、责任明确。建立重大决策终身责任追究制度及责任倒查机制，对决策严重失误或者依法应该及时作出决策但久拖不决造成重大损失、恶劣影响的，严格追究行政首长、负有责任的其他领导人员和相关责任人员的法律责任。

3.深化行政执法体制改革

根据不同层级政府的事权和职能，按照减少层次、整合队伍、提高效率的原则，合理配置执法力量。推进综合执法，大幅减少市县两级政府执法队伍种类，重点在食品药品安全、工商质检、公共卫生、安全生产、文化旅游、资源环境、农林水利、交通运输、城乡建设、海洋渔业等领域内推行综合执法，有条件的领域可以推行跨部门综合执法；严格实行行政执法人员持证上岗和资格管理制度，未通过经执法资格考试，不得授予执法资格，不得从事执法活动。严格执行罚缴分离和收支两条线管理制度，严禁收费罚没收入同部门利益直接或者变相挂钩。

4.坚持严格规范公正文明执法

依法惩处各类违法行为，加大关系群众切身利益的重点领域执法力度。完善执法程序，建立执法全过程记录制度。明确具体操作流程，重点规范行政许可、行政

处罚、行政强制、行政征收、行政收费、行政检查等执法行为。严格执行重大执法决定法制审核制度。全面落实行政执法责任制，严格确定不同部门及机构、岗位执法人员执法责任和责任追究机制，加强执法监督，坚决排除对执法活动的干预，防止和克服地方和部门保护主义，惩治执法腐败现象。

5. 强化对行政权力的制约和监督

加强党内监督、人大监督、民主监督、行政监督、司法监督、审计监督、社会监督、舆论监督制度建设，努力形成科学有效的权力运行制约和监督体系，增强监督合力和实效。加强对政府内部权力的制约，对财政资金分配使用、国有资产监管、政府投资、政府采购、公共资源转让、公共工程建设等权力集中的部门和岗位实行分事行权、分岗设权、分级授权，定期轮岗，强化内部流程控制，防止权力滥用。改进上级机关对下级机关的监督，建立常态化监督制度。完善纠错问责机制，健全责令公开道歉、停职检查、引咎辞职、责令辞职、罢免等问责方式和程序。完善审计制度，保障依法独立行使审计监督权。对公共资金、国有资产、国有资源和领导干部履行经济责任情况实行审计全覆盖。

6. 全面推进政务公开

坚持以公开为常态、不公开为例外原则，推进决策公开、执行公开、管理公开、服务公开、结果公开。各级政府及其工作部门依据权力清单，向社会全面公开政府职能、法律依据、实施主体、职责权限、管理流程、监督方式等事项。重点推进财政预算、公共资源配置、重大建设项目批准和实施、社会公益事业建设等领域的政府信息公开。涉及公民、法人或其他组织权利和义务的规范性文件，按照政府信息公开要求和程序予以公布。推行行政执法公示制度。推进政务公开信息化，加强互联网政务信息数据服务平台和便民服务平台建设。

（三）保证公正司法，提高司法公信力

必须完善司法管理体制和司法权力运行机制，规范司法行为，加强对司法活动的监督，努力让人民群众在每一个司法案件中感受到公平正义。

1. 完善确保依法独立公正行使审判权和检察权的制度

建立领导干部干预司法活动、插手具体案件处理的记录、通报和责任追究制度。任何党政机关和领导干部都不得让司法机关做违反法定职责、有碍司法公正的事情，任何司法机关都必须执行党政机关和领导干部不得违法干预司法活动的要求。对干预司法机关办案的，给予党纪政纪处分；造成冤假错案或者其他严重后果的，依法追究刑事责任。

2. 优化司法职权配置

健全公安机关、检察机关、审判机关、司法行政机关各司其职，侦查权、检察权、审判权、执行权相互配合和制约的体制机制。完善审级制度，一审重在解决事实认定和法律适用，二审重在解决事实法律争议、实现二审终审，再审重在依法纠错、维护裁判权威；建立司法机关内部人员过问案件的记录制度和责任追究制度。完善主审法官、合议庭、主任检察官、主办侦查员办案责任制，落实谁办案谁负责。

3. 推进严格司法

健全事实认定符合客观真相、办案结果符合实体公正、办案过程符合程序公正的法律制度。加强和规范司法解释和案例指导，统一法律适用标准。全面贯彻证据裁判规则，严格依法收集、固定、保存、审查、运用证据，完善证人、鉴定人出庭制度，保证庭审在查明事实、认定证据、保护诉权、公正裁判中发挥决定性作用。明确各类司法人员工作职责、工作流程、工作标准，实行办案质量终身负责制和错案责任倒查问责制，确保案件处理经得起法律和历史检验。

4. 保障人民群众参与司法

坚持人民司法为人民，依靠人民推进公正司法，通过公正司法维护人民权益。在司法调解、司法听证、涉诉信访等司法活动中保障人民群众参与。推进审判公开、检务公开、警务公开、狱务公开，依法及时公开执法司法依据、程序、流程、结果和生效法律文书，杜绝暗箱操作。

5. 加强人权司法保障

强化诉讼过程中当事人和其他诉讼参与人的知情权、陈述权、辩护辩论权、申请权、申诉权的制度保障。健全落实罪刑法定、疑罪从无、非法证据排除等法律原则的法律制度。完善对限制人身自由司法措施和侦查手段的司法监督，加强对刑讯逼供和非法取证的源头预防，健全冤假错案有效防范、及时纠正机制。

6. 加强对司法活动的监督

完善检察机关行使监督权的法律制度，加强对刑事诉讼、民事诉讼、行政诉讼的法律监督。完善人民监督员制度，重点监督检察机关查办职务犯罪的立案、羁押、扣押和冻结财物、起诉等环节的执法活动。依法规范司法人员与当事人、律师、特殊关系人、中介组织的接触、交往行为。严禁司法人员私下接触当事人及律师、泄露或者为其打探案情、接受吃请或者收受其财物、为律师介绍代理和辩护业务等违法违纪行为，坚决惩治司法掮客行为，防止利益输送。

（四）增强全民法治观念，推进法治社会建设

弘扬社会主义法治精神，建设社会主义法治文化，增强全社会厉行法治的积极性和主动性，形成守法光荣、违法可耻的社会氛围，使全体人民都成为社会主义法治的忠实崇尚者、自觉遵守者、坚定捍卫者。

1. 推动全社会树立法治意识

坚持把全民普法和守法作为依法治国的长期基础性工作，深入开展法治宣传教育，引导全民自觉守法、遇事找法、解决问题靠法。坚持把领导干部带头学法、模

范守法作为树立法治意识的关键，完善国家工作人员学法用法制度，把法治教育纳入国民教育体系，从青少年抓起，在中小学设立法治知识课程。健全普法宣传教育机制，各级党委和政府要加强对普法工作的领导，宣传、文化、教育部门和人民团体要在普法教育中发挥职能作用。实行国家机关"谁执法谁普法"的普法责任制，建立法官、检察官、行政执法人员、律师等以案释法制度。把法治教育纳入精神文明创建内容，开展群众性法治文化活动，健全媒体公益普法制度，加强新媒体新技术在普法中的运用，提高普法实效；加强社会诚信建设，健全公民和组织守法信用记录，完善守法诚信褒奖机制和违法失信行为惩戒机制，使尊法守法成为全体人民的共同追求和自觉行动；加强公民道德建设，弘扬中华优秀传统文化，增强法治的道德底蕴，强化规则意识，倡导契约精神，弘扬公序良俗。发挥法治在解决道德领域突出问题中的作用，引导人们自觉履行法定义务、社会责任、家庭责任。

2. 推进多层次多领域依法治理

深入开展多层次多领域法治创建活动，深化基层组织和部门、行业依法治理，支持各类社会主体自我约束、自我管理。发挥市民公约、乡规民约、行业规章、团体章程等社会规范在社会治理中的积极作用。建立健全社会组织参与社会事务、维护公共利益、救助困难群众、帮教特殊人群、预防违法犯罪的机制和制度化渠道，发挥社会组织对其成员的行为导引、规则约束、权益维护作用。

3. 建设完备的法律服务体系

完善法律援助制度，扩大援助范围，健全司法救助体系，保证人民群众在遇到法律问题或者权利受到侵害时获得及时有效的法律帮助。

4. 健全依法维权和化解纠纷机制

强化法律在维护群众权益、化解社会矛盾中的权威地位，引导和支持人们理性表达诉求、依法维护权益。建立健全社会矛盾预警机制、利益表达机制、协商沟通机制、救济救助机制，畅通群众利益协调、权益保障法律渠道。把信访纳入法治化轨道，保障合理合法诉求依照法律规定和程序就能得到合理合法的结果。健全社会矛盾纠纷预防化解机制，完善调解、仲裁、行政裁决、行政复议、诉讼等有机衔接、相互协调的多元化纠纷解决机制。完善立体化社会治安防控体系，有效防范、化解、管控影响社会安定的问题，保障人民生命财产安全。依法严厉打击暴力恐怖、涉黑犯罪、邪教和黄赌毒等违法犯罪活动，绝不允许其形成气候。依法强化危害食品药品安全、影响生产安全、损害生态环境、破坏网络安全等重点问题治理。此外，十八届四中全会还就法治工作队伍建设、党对全面推进依法治国的领导等重大问题提出了加强和改进要求。

让人民群众在司法案件中感受到公平正义

欠债还钱，天经地义，支付罚息，也理所应当。但是，银行却在本金、罚息之外，另收"滞纳金"，并且还是按复利计算，结果经常导致"滞纳金"远高于本金，成了实际上的"驴打滚"。中国银行某高新技术产业开发区支行起诉信用卡欠费人沙女士，请求人民法院判令沙女士归还信用卡欠款共计375079.3元（包含本金339659.66元及利息、滞纳金共计35419.64元）。银行按每日万分之五的利率计算的利息，以及每个月高达5%的滞纳金，这就相当于年利率高达78%。受理本案的人民法院认为，根据合同法、商业银行法，我国的贷款利率是受法律限制的，最高人民法院在关于民间借贷的司法解释中明确规定：最高年利率不得超过24%，否则就算"高利贷"，不受法律保护。但问题在于，最高法的司法解释针对的是"民间高利贷"，而原告是根据中国人民银行的《银行卡业务管理办法》收取滞纳金的，该如何审理？

在我国社会主义法律体系中，宪法是国家的根本大法，处于最高位阶，一切法律、行政法规、司法解释、地方性法规和规章、自治条例和单行条例都不得与宪法规定精神相违背。依法治国首先必须依宪治国。十八届四中全会重申了宪法第五条关于"一切违反宪法和法律的行为，必须予以追究"的原则，强调要"努力让人民群众在每一个司法案件中感受到公平正义"。此案中，法官引述了宪法第三十三条第二款规定："中华人民共和国公民在法律面前一律平等。"法官认为："平等意味着对等待遇，除非存在差别对待的理由和依据。一方面，国家以贷款政策限制民间借款形成高利；另一方面，在信用卡借贷领域又形成超越民间借贷限制一倍或者几倍的利息。这显然极可能形成一种'只准州官放火，不许百姓点灯'的外在不良观感。"法官从宪法"平等权"等多个层面，提出应对法律作系统性解释，认为"商业银行错误将相关职能部门的规定作为自身高利、高息的依据，这有违于合同法及商业银行法的规定"，从而最终驳回了银行有关滞纳金的诉讼请求，仅在本金339659.66元、年利率24%的限度内予以支持。

第二节　建设中国特色社会主义法治体系

十八届四中全会提出："全面推进依法治国，总目标是建设中国特色社会主义法治体系，建设社会主义法治国家。"这是我们党的历史上第一次提出建设中国特色社会主义法治体系的新目标。从"法律体系"到"法治体系"是一个质的飞跃，是一个从静态到动态的过程，是一个从平面到立体的过程。

一、中国特色社会主义法治体系的主要内容

中国特色社会主义法治体系包括完备的法律规范体系、高效的法治实施体系、严密的法治监督体系、有力的法治保障体系、完备的党内法规体系五个子系统。

（一）完备的法律规范体系

建设中国特色社会主义法治体系，全面推进依法治国，需要充分的规范供给为全社会依法办事提供基本遵循。一方面，要加快完善法律、行政法规、地方性法规体系；另一方面，也要完善包括市民公约、乡规民约、行业规章、团体章程在内的社会规范体系。恪守原有单一的法律渊源已无法满足法治实践的需求，有必要适当扩大法律渊源，甚至可以有限制地将司法判例、交易习惯、法律原则、国际惯例作为裁判根据，以弥补法律供给的不足，同时还应当建立对法律扩大或限缩解释的规则，通过法律适用过程填补法律的积极或消极的漏洞。为了保证法律规范的质量和提升立法科学化的水平，应当进一步改善立法机关组成人员的结构，提高立法程序正当化水平，构建立法成本效益评估前置制度，建立辩论机制，优化协商制度，提升立法技术，规范立法形式，确定法律规范的实质与形式标准，设立法律规范的事前或事后的审查过滤机制，构建实施效果评估机制，完善法律修改、废止和解释制度，等等。尤其要着力提高立法过程的实质民主化水平，要畅通民意表达机制以及民意与立法的对接机制，设定立法机关组成人员联系选民的义务，规范立法机关成员与"院外"利益集团的关系，完善立法听取意见（包括听证等多种形式）、整合吸纳意见等制度，建立权力机关内部的制约协调机制，建立立法成员和立法机关接受选民和公众监督的制度，等等。

（二）高效的法治实施体系

法治实施是一个系统工程。首先，要认真研究如何使法律规范本身具有可实施性，不具有实施可能性的法律规范无疑会加大实施成本，甚至即使执法司法人员费尽心机也难以实现。因此，要特别注意法律规范的可操作性、实施资源的配套性、法律规范本身的可接受性以及法律规范自我实现的动力与能力。其次，要研究法律实施所必需的体制以及法律设施，国家必须为法律实施提供强有力的体制、设施与物质保障。再次，要认真研究法律实施所需要的执法和司法人员的素质与能力，要

为法律实施所需要的素质和能力的培训与养成提供必要的条件和机制。又次，要研究法律实施的环境因素，并为法律实施创造必要的执法和司法环境。最后，要研究如何克服法律实施的阻碍和阻力，有针对性地进行程序设计、制度预防和机制阻隔，针对我国现阶段的国情，有必要把排除"人情""关系""金钱""权力"对法律实施的干扰作为重点整治内容。

（三）严密的法治监督体系

对公共权力的监督和制约，是任何法治形态的基本要义；公共权力具有二重性，唯有法律能使其扬长避短和趋利避害；破坏法治的最大危险在一般情况下都来自公共权力；只有约束好公共权力，国民的权利和自由才可能安全实现。有效监督和制约公共权力，要在以下几个方面狠下功夫：要科学配置权力，使决策权、执行权、监督权相互制约又相互协调；要规范权力的运行，为权力的运行设定明确的范围、条件、程序和界限；要防止权力的滥用，为权力的行使设定正当目的及合理基准与要求；要严格对权力的监督，有效规范党内、人大、民主、行政、司法、审计、社会、舆论诸项监督，并充分发挥各种监督的独特作用，使违法或不正当行使权力的行为得以及时有效纠正；要健全权益恢复机制，使受公共权力侵害的私益得到及时赔偿或补偿。

（四）有力的法治保障体系

依法治国是一项十分庞大和复杂的综合性系统工程。要在较短时间内实现十八届四中全会提出的全面推进依法治国的战略目标，任务艰巨而繁重，如果缺少配套的保证体系作为支撑，恐难以持久。普遍建立法律顾问制度。完善规范性文件、重大决策合法性审查机制。建立科学的法治建设指标体系和考核标准。健全法规、规章、规范性文件备案审查制度。健全社会普法教育机制，增强全民法治观念。逐步增加有地方立法权的较大的市数量。深化行政执法体制改革。完善行政执法程序，规范执法自由裁量权，加强对行政执法的监督，全面落实行政执法责任制和执法经费由财政保障制度，做到严格规范公正文明执法。完善行政执法与刑事司法衔接机制。确保依法独立公正行使审判权、检察权。改革司法管理体制，推动省以下地方人民法院、人民检察院人财物统一管理，探索建立与行政区划适当分离的司法管辖制度，保证国家法律统一正确实施。建立符合职业特点的司法人员管理制度，健全法官、检察官、人民警察统一招录、有序交流、逐级遴选机制，完善司法人员分类管理制度，健全法官、检察官、人民警察职业保障制度。健全司法权力运行机制。优化司法职权配置，健全司法权力分工负责、互相配合、互相制约机制，加强和规范对司法活动的法律监督和社会监督。健全国家司法救助制度，完善法律援助制度。完善律师执业权利保障机制和违法违规执业惩戒制度，加强职业道德建设，发挥律师在依法维护公民和法人合法权益方面的重要作用。

（五）完善的党内法规体系

党内法规既是管党治党的重要依据，也是中国特色社会主义法治体系的重要组成部分。由于缺少整体规划，缺乏顶层设计，党内法规存在"碎片化"现象。要在对现有党内法规进行全面清理的基础上，抓紧制定和修订一批重要党内法规，加大党内法规备案审查和解释力度，完善党内法规制定体制机制，形成配套完备的党内法规制度体系，使党内生活更加规范化、程序化，使党内民主制度体系更加完善，使权力运行受到更加有效的制约和监督，使党执政的制度基础更加巩固，为到建党100周年时全面建成内容科学、程序严密、配套完备、运行有效的党内法规制度体系打下坚实基础。

二、以高度自信建设中国特色社会主义法治体系

（一）依法治国、依法执政、依法行政共同推进

依法治国是党领导人民治国理政的基本方式，要依照宪法和法律规定，通过各种途径和形式实现人民群众在党的领导下管理国家事务，管理经济文化事业，管理社会事务，保证国家各项工作都依法进行，逐步实现社会主义民主的制度化、法律化。依法执政是依法治国的关键，要坚持党领导人民制定法律、实施法律并在宪法法律范围内活动的原则，健全党领导依法治国的制度和工作机制，促进党的政策和国家法律互联互动。依法行政是依法治国的重点，要创新执法体制，完善执法程序，推进综合执法，严格执法责任，建立权责统一、权威高效的依法行政体制，加快建设职能科学、权责法定、执法严明、公开公正、廉洁高效、守法诚信的法治政府，切实做到合法行政、合理行政、高效便民、权责统一、政务公开。

（二）法治国家、法治政府、法治社会一体建设

法治国家、法治政府和法治社会是全面推进依法治国的"一体双翼"。法治国家是长远目标和根本目标，建设法治国家的核心要求是实现国家生活的全面法治化；法治政府是重点任务和攻坚内容，建设法治政府的核心要求是规范和制约公共权力；法治社会是组成部分和薄弱环节，建设法治社会的核心是推进多层次多领域依法治理，实现全体国民自己守法、护法。法治国家、法治政府、法治社会一体建设，要求三者相互补充、相互促进、相辅相成。

（三）科学立法、严格执法、公正司法、全民守法相辅相成

十八大以来，党中央审时度势，提出了"科学立法、严格执法、公正司法、全民守法"的十六字方针，确立了新时期法治中国建设的基本内容。科学立法要求完善立法规划，突出立法重点，坚持立改废释并举，提高立法科学化、民主化水平，提高法律的针对性、及时性、系统性、有效性，完善立法工作机制和程序，扩大公众有序参与，充分听取各方面意见，使法律准确反映经济社会发展要求，更好协调利益关系，发挥立法的引领和推动作用。严格执法，要求加强宪法和法律实施，维

护社会主义法制的统一、尊严、权威，形成人们不愿违法、不能违法、不敢违法的法治环境，做到有法必依、执法必严、违法必究。公正司法，要求要努力让人民群众在每一个司法案件中都感受到公平正义，所有司法机关都要紧紧围绕这个目标来改进工作，重点解决影响司法公正和制约司法能力的深层次问题。全民守法，要求任何组织或者个人都必须在宪法和法律范围内活动，任何公民、社会组织和国家机关都要以宪法和法律为行为准则，依照宪法和法律行使权利或权力、履行义务或职责。

（四）与推进国家治理体系和治理能力现代化同脉共振

全面推进依法治国既是实现国家治理现代化目标的基本要求，又是推进国家治理现代化的重要组成部分。法律的强制性、普遍性、稳定性、公开性、协调性等价值属性满足了国家治理对权威性和有效性的要求。法治在治理现代化过程中具有极为重要的意义。民主、科学、文明、法治是国家治理现代化的基本要求，民主、科学、文明都离不开法治的保障。治理现代化需要通过法治手段进一步具体地对应到治理体系的各个领域和每个方面，需要进一步量化为具体的指标体系，包括国权配置定型化、公权行使制度化、权益保护实效化、治理行为规范化、社会关系规则化、治理方式文明化六个方面。在实现治理法治化的过程中，治理主体需要高度重视法治本身的现代化问题，高度重视法律规范的可实施性，高度重视全社会法治信仰的塑造，高度重视治理事务对法治的坚守，高度重视司法公信力的培养。

第三节 提高运用法治思维和法治方式的能力

法治思维是指将党中央关于法治中国建设的基本要求，将国家宪法和法律的相关规定运用于判断、思考和决策，法治方式就是运用法治思维处理和解决问题的行为方式。法治思维与法治方式两者之间属于法治要求内化于心、外化于行的辩证统一关系。简言之，用法律观念来判断问题，用法律方式来处理矛盾和纠纷，这就是法治思维和法治方式。正如习近平同志指出的那样，"各级领导干部要提高运用法治思维和法治方式深化改革、推动发展、化解矛盾、维护稳定能力，努力推动形成办事依法、遇事找法、解决问题用法、化解矛盾靠法的良好法治环境，在法治轨道上推动各项工作"。

一、法治思维和法治方式的基本属性

法治思维和法治方式作为治理能力范畴中的一种新要求，它要求党员干部要带头尊法、学法、守法、用法，自觉地在法律授权范围内活动，切实维护国家法制的统一、尊严和权威，依法保障人民享有广泛的民主权利和自由；法治思维和法治方

式作为治理能力范畴中的一种新理念，它要求党员干部要带头破除重管理轻服务、重治民轻治官、重权力轻职责等积弊，带头荡除以言代法、以权压法、违法行政等沉疴。中国特色社会主义法治特质决定了法治思维和法治方式集中具有以下几个方面的属性要求：职权法定、权力制约、保障人权、程序正当。

（一）职权法定

职权法定是指行政机关及其公职人员的行政权力，来自于法律的明确授权，而非自行设定。因此，行政机关及其公职人员要做到依法行政，首先必须严守法律明确授予的行政职权，必须在法律规定的职权范围内活动。非经法律授权，不得作出行政管理行为；超出法律授权范围，不享除对有关事务的管理权，否则都属于行政违法。正如党的十八届四中全会强调的那样，"行政机关不得法外设定权力，没有法律法规依据不得作出减损公民、法人和其他组织合法权益或者增加其义务的决定"。坚持职权法定，首先在思想上要牢固树立宪法和法律的权威。宪法是国家的根本法，是治国安邦的总章程，任何法律和规范性文件都不得与宪法相抵触。依据宪法而制定的法律是全社会一体遵循的行动准则，任何人都不享有超越法律的特权。要注意培养依法办事的良好工作作风，切实做到办事依法、遇事找法、解决问题用法、化解矛盾靠法，在法治轨道上推动各项工作。有关部门要切实按照中央的要求，把法治建设成效作为衡量各级领导班子和领导干部工作实绩的重要内容，纳入政绩考核指标体系。把能不能遵守法律、依法办事作为考察干部的重要内容，在相同条件下，优先提拔使用法治素养好、依法办事能力强的干部。对特权思想严重、法治观念淡薄的干部要批评教育，不改正的要调离领导岗位。

（二）权力制约

权力制约是中国特色社会主义法治理念中的一项基本原则，这一原则贯穿于宪法始终，体现在各部法律之内。我国现行宪法对国家权力的设定充分体现了权力的分工与制约原则。首先，宪法明确规定国家的一切权力属于人民。其次，宪法在人民代表和国家机关及其工作人员的关系上，规定人民代表由人民选举产生，对人民负责，接受人民监督。人民有权对国家机关及其工作人员提出批评、建议、控告、检举等。再次，宪法规定国家行政机关、审判机关、检察机关都由人大产生，对它负责，受它监督。此外，我国宪法为充分保证执法机关正确执法，还明确规定了行政机关和司法机关在本系统内实行监督和制约。权力制约是法治国家的基本特征。改革开放以来，党和国家高度重视对权力的监督制约，党的十七大报告明确提出，要完善制约和监督机制，保证人民赋予的权力始终用来为人民谋利益；确保权力正确行使，必须让权力在阳光下运行；要坚持用制度管权、管事、管人，建立健全决策权、执行权、监督权既相互制约又相互协调的权力结构和运行机制。习近平总书记在首都各界纪念现行宪法公布施行30周年大会上的讲话中强调"我们要健全权力运行制约和监督体系，有权必有责，用权受监督，失职要问责，违法要追究，保证人民赋予的权力始终用来为人民谋利益。"

（三）保障人权

我们党长期注重尊重和保障人权。早在新民主主义革命时期，中国共产党就在所领导的红色革命根据地内颁布了《中华苏维埃共和国宪法大纲》《陕甘宁边区施政纲领》《陕甘宁边区宪法原则》等宪法性文件，明确规定保障人民权利的内容。抗战时期，为广泛调动一切抗日力量，各根据地人民政府普遍颁布和实施了保障人权的法令。新中国成立后的第一部宪法，就将公民的人身、经济、政治、社会、文化等方面的权利用根本大法的形式固定下来。20世纪80年代末，我们党就明确提出，社会主义中国要把人权旗帜掌握在自己手中。1991年11月1日，国务院新闻办公室向世界公布了新中国第一份《中国的人权状况》的白皮书，以政府文件的形式正面肯定了人权在中国政治发展中的地位。1997年9月，党的十五大明确提出："共产党执政就是领导和支持人民掌握管理国家的权力，实行民主选举、民主决策、民主管理和民主监督，保证人民依法享有广泛的权利和自由，尊重和保障人权。"此后，尊重和保障人权成为了中国共产党执政的基本目标和政治体制改革与民主法制建设的一个重要内容。2004年3月，十届全国人大二次会议通过宪法修正案，首次将"人权"概念载入宪法，明确规定"国家尊重和保障人权"。至此，尊重和保障人权上升为国家的一项宪法原则，成为行政执法活动中一条不应逾越的底线。

（四）程序正当

程序正当是社会主义法治对行政活动提出的一项基本要求。具体地说，程序正当是指行政机关行使行政权力、实施行政管理时，除涉及国家秘密和依法受到保护的商业秘密、个人隐私的外，都应当公开，注意听取公民、法人和其他组织的意见；要严格遵循法定程序，依法保障行政管理相对人、利害关系人的知情权、参与权和救济权。履行职责的行政机关工作人员与行政管理相对人存在利害关系时，应当回避。实践中，以保密为由拒绝向相对人提供依法应当提供的相关信息；作出行政决定没有听取相对人的意见和申辩；履行行政职责的行政机关工作人员缺乏回避意识等情况屡见不鲜。这种重实体、轻程序的现象历史上长期存在，行政机关与相对人之间更多地表现为一种命令与服从的关系。改革开放以来，尤其是在全面推进依法治国的进程中，程序正当逐步被提到了应有的位置。程序正当在许多单行法中有着明确的规定。如行政处罚法第四十二条就明确规定，行政机关作出责令停产停业、吊销许可证或者执照、较大数额罚款等行政处罚决定之前，应当告知当事人有要求举行听证的权利；当事人要求听证的，行政机关应当组织听证。党的十八届三中全会更是明确要求："完善行政执法程序，规范执法自由裁量权，加强对行政执法的监督，全面落实行政执法责任制和执法经费由财政保障制度，做到严格规范公正文明执法。"强调程序正义，不仅在于它是法治文明进步的重要成果，而且在于程序正义的维护和实现有助于增强法律实施的可接受性。

以案释法 03

化解矛盾终究须靠法

2005年6月11日凌晨4时30分，为驱赶因征地补偿纠纷而在工地驻守阻止施工的河北省定州市某村部分村民，260余名社会闲散人员携带猎枪、棍棒、铁管、弩等工具，肆意使用暴力进场驱赶、伤害村民，造成6人死亡，15人重伤，多人轻伤、轻微伤的特别严重后果。最终，该案的组织策划者、骨干分子等主要案犯全部被抓获，共有248名犯罪嫌疑人到案。已批捕31人，刑拘131人。该案中定州市原市委书记和某等6人被判处无期徒刑，剥夺政治权利终身；其他被告人分别被判处15年至6年有期徒刑。

释解

定州"6·11"案件是因河北省有史以来投资最大的项目——国华定州发电有限公司征地而引发。国华定州发电公司是国家"十五"时期重点项目，该项目能够落户定州，是经过六届市委、市政府的艰苦努力，历时13年才争取到的。如此一件争取多年才得到的项目，之所以最终引发了特别严重的后果，固然有很多方面的原因所造成，但其中最为直接的一个原因在于，原市委书记和某面临着久拖不决的征地事件，没有"办事依法、遇事找法、解决问题用法、化解矛盾靠法"，而是轻信了"小兄弟"的承诺，适当给村民们一点教训，结果一批社会闲杂人员凌晨闯入现场，场面顿时失控。此时，尽管和某在现场曾带着哭腔劝说不能伤及村民身体要害部位，但也无力回天。事情的最终结局还是回到法律的层面上来解决，但却付出了极其沉痛的代价。

二、培养法治思维和法治方式的基本途径

全面推进依法治国是国家治理领域的一场深刻革命，培养法治思维和法治方式是一项长期的系统工程。实践表明，任何一种思维方式和行为方式的养成，往往都要经历一个深入学习、深刻领会、坚定信念、反复践行、形成习惯，最后升华到品格的过程。法治思维和法治方式的培养，既是个理论问题又是个实践问题，因此更不会例外。

（一）在深入学习中提高认识

通过长期的不懈努力，一个立足中国国情和实际、适应改革开放和社会主义现代化建设需要、集中体现党和人民意志的，以宪法为统帅，以宪法相关法、民法、

商法等多个法律部门的法律为主干，由法律、行政法规、地方性法规与自治条例、单行条例等多层次法律规范构成的中国特色社会主义法律体系已经形成。这个法律体系是法治思维和法治方式的基础内容和基本遵循。因此，培养法治思维和法治方式，必须要结合实际，深入学习宪法和法律的相关规定，切实做到严格依法行使职权、履行职责。

（二）在依法履职中严守底线

党的十八届四中全会明确提出了法治建设的"五项原则"，即坚持中国共产党的领导、坚持人民主体地位、坚持法律面前人人平等、坚持依法治国和以德治国相结合、坚持从中国实际出发，从而为党员干部树立正确的法治理念指明了根本方向，提供了基本遵循。全会还明确要求"行政机关要坚持法定职责必作为，法无授权不可为"。坚持依法履行职责、法无授权不可为是依法行政的底线。行政机关的岗位职责来自于法律授权，必须要牢固树立岗位权力清单意识，在想问题、作决策和办事情中，必须严格遵循法律规则和法定程序，切实做到依法尽职、依法行权。

（三）在依法决策中化解风险

在依法治国不断深入、法律制度不断完备、法律责任日渐明晰的当今，行政机关不依法决策往往成为行政权力运行中的一大风险，成为行政机关承担法律责任、坐上被告席的一大原因。为此，党的十八届四中全会明确提出要健全依法决策机制。各级行政机关及公职人员必须强化责任意识和风险意识，严格遵守重大行政决策法定程序，采取公众参与、专家论证、风险评估、合法性审查、集体讨论决定等法定的程序和办法，确保决策内容合法、程序合法，切实有效防范因决策违法而承担的相应法律责任。

（四）在文明执法中培养品格

依法行政是文明执法的基础和保障，行政公开是文明执法的重要标志。党的十八届三中全会明确要求，"推行地方各级政府及其工作部门权力清单制度，依法公开权力运行流程。完善党务、政务和各领域办事公开制度，推进决策公开、管理公开、服务公开、结果公开"。行政机关及公职人员唯有依据相关法规制度，细化执法操作流程，明确执法权限、坚守法律底线，切实按照决定的许可、收费、检查、征收、处罚和强制等法定权限和程序要求，严格规范和监督执法行为，才能在维护人民群众切身利益的过程中，树立起人民公仆的良好形象，才能有效培养良好的法治思维和法治行为的工作作风与品格。

（五）在接受监督中展示形象

公正执法、带头守法是依法行政的生命力所在。2002年11月召开的党的十六大就明确提出了"加强对执法活动的监督，推进依法行政"。2014年召开的党的十八届四中全会更是明确要求，"必须以规范和约束公权力为重点，加大监督力度，做到有权必有责、用权受监督、违法必追究，坚决纠正有法不依、执法不严、违法不究行为"。强化行政执法监督成为推进依法行政和建设法治政府的一项重要抓手。行政机关及其公职人员在行政执法过程中，要依法自觉接受人大机关的法律监督、上级部门的组织监督、人民政协的民主监督、社会公众的群众监督、相关媒体的舆论监督，通过多种形式了解群众心声，彰显行政执法的公平公正属性，展示依法行政、法治政府的良好形象。

 以案释法 04

权力不能越出制度的笼子

　　某市发展和改革委员会于2010年7月对10家企业作出废弃食用油脂定点回收加工单位备案，其中包括该市某化工厂和某废油脂回收处理中心。2012年11月，该市某区人民政府发出通知，明确指定该市某再生资源开发有限公司实施全区餐厨废弃物收运处理。该区城市管理局和区商务局于2014年3月发出公函，要求落实文件规定，各生猪屠宰场点必须和某再生资源开发有限公司签订清运协议，否则将进行行政处罚。某新能源有限公司对规定不服，诉至法院，请求撤销该文对某再生资源开发有限公司的指定，并赔偿损失。该市中级人民法院一审认为，被告某区政府在文件中的指定，实际上肯定了某再生资源开发有限公司在该区开展餐厨废弃物业务的资格，构成实质上的行政许可。区城市管理局和区商务局作出的公函已经表明被告的指定行为事实上已经实施。根据行政许可法相关规定，行政机关受理、审查、作出行政许可应当履行相应的行政程序，被告在作出指定前，未履行任何行政程序，故被诉行政行为程序违法。被告采取直接指定的方式，未通过招标等公平竞争的方式，排除了其他可能的市场参与者，构成通过行政权力限制市场竞争，违反了该省餐厨废弃物管理办法第十九条和反垄断法第三十二条的规定。被告为了加强餐厨废弃物处理市场监管的需要，对该市场的正常运行作出必要的规范和限制，但不应在行政公文中采取明确指定某一公司的方式。原告某新能源有限公司对其赔偿请求未提交证据证实，法院对此不予支持。遂判决撤销被告在文件中对某再生资源开发有限公司指定的行政行为，驳回原告的其他诉讼请求。一审宣判后，双方当事人均未上诉。

 释解

　　我国法院每年办理的10余万件一审行政案件中，与经济管理和经济领域行政执法密切相关的案件占到30%以上，涉及的领域和类型也越来越丰富。本案是涉及行政垄断的典型案件。行政垄断指行政机关滥用行政权力，违法提高市场准入门槛、违法指定特定企业从事特定业务、违法设置条件限制其他企业参与竞争等行为。它侵犯了市场主体的公平竞争权，对经济活动的正常运行、商品的自由流通乃至政府的内外形象都会造成较大破坏和不利影响，我国反垄断法和反不正当竞争法对此明令禁止。本案中，该区政府在行政公文中直接指定某再生资源开发有限公司，未通过招标等公平竞争方式，排除了其他可能的市场参与者，构成通过行政权力限制市场竞争的违法情形。新修改的行政诉讼法将"滥用行政权力侵犯公平竞争权"明确纳入受案范围，就是为突出行政审判对市场正常竞争秩序的有力维护。随着法治不断进步，公民、法人等各类市场主体在运用行政诉讼法律武器依法维权、监督和规制行政垄断方面，将发挥越来越大的作用。

第四节　"谁执法谁普法"的普法责任制

2015年是全面推进依法治国的开局之年，如何让法治理念、法治思维、法治精神、法治信仰入脑入心，成为全民共识，是深入开展普法教育的关键。中共中央、国务院转发了《中央宣传部、司法部关于在公民中开展法治宣传教育的第七个五年规划（2016—2020年）》提出，实行国家机关"谁执法谁普法"的普法责任制。"谁执法谁普法"，即以法律所调整的社会关系的种类和所涉及的部门、行业为主体，充分发挥行业优势和主导作用，在抓好部门、行业内部法治宣传教育的同时，负责面向重点普法对象，面向社会宣传本部门、本行业所涉及和执行的法律法规。实行"谁执法谁普法"工作原则，是贯彻落实"七五"普法规划的重要举措，有利于充分发挥执法部门、行业职能的优势和主导作用，扩大普法依法治理工作覆盖面，增强法治宣传教育的针对性、专业性，促进执法与普法工作的有机结合，进一步加大普法工作力度，真正形成部门、行业分工负责、各司其职、齐抓共管的大普法工作格局。

一、"谁执法谁普法"是法治国家的新要求

实行国家机关"谁执法谁普法"的普法责任制，建立法官、检察官、行政执法人员、律师等以案释法制度，加强普法讲师团、普法志愿者队伍建设。执法和司法人员普法具有天然的优势。严格执法、公正司法是法治信仰最好的支撑，也是最好的普法实践。将普法与立法、司法、执法关联在一起具有重要的现实意义。法的执行力既需要靠执法机关执法办案，也要靠全民守法来实现。法的贯彻执行需要靠大家守法，守法的前提是普法，让百姓知道法律。"谁执法谁普法"体现了法治中国的新要求，凸显了执法主体对普法的重要责任。执法机关对其执法对象、执法内容、执法当中存在的问题最了解，他们开展普法也更具针对性、及时性、有效性。国家机关的工作涉及人民群众学习、生活、工作的方方面面，由执法者在为群众办事过

程中进行普法教育，更具有亲历性和普及性，更利于人民群众接受。如交警部门宣传交通法规，税务部门宣传税法，劳动保障部门宣传劳动保障的相关法律法规。

二、"谁执法谁普法"指导思想

以党的十八大和十八届三中、四中全会精神及习近平总书记系列重要讲话精神为指导，坚持围绕中心、服务大局，坚持创新形式、注重实效，坚持贴近基层、服务群众，以建立健全法治宣传教育机制为抓手，以开展"学习宪法、尊法守法"等主题活动为载体，通过深入开展法治宣传教育，充分发挥法治宣传教育在法治建设中的基础性作用，进一步形成分工负责、各司其职、齐抓共管的普法工作格局，通过实行"谁执法谁普法"教育活动，普及现有法律法规，提升执法人员的法治观念和行政执法水平，增强相关法治主体的法律意识，营造全社会关注、关心法治的浓厚氛围，推动形成自觉守法用法的社会环境，为经济建设营造良好的法治环境。

三、"谁执法谁普法"工作原则

（一）坚持执法办案与普法宣传相结合的原则

使普法宣传教育渗透执法办案全过程，利用以案释法、以案普法、以案学法等方式普及法律常识，通过文明执法促进深度普法，通过广泛普法促进文明执法。在各行业监管中，以行政执法、公众参与、以案释法为导向，形成行政执法人员以案释法工作长效机制，实行长态化普法。在执法工作中，要加大对案件当事人的法律宣传教育，只有在当事人中积极进行法律知识和典型案例的宣传，才能起到事半功倍的宣传效果，才能让广大群众更为有效地学习法律知识，才能从实际案件中学法、懂法、用法，有效维护自身权利。

（二）坚持日常宣传与集中宣传相结合的原则

各机关单位根据担负职能和工作特点，在广泛开展法治宣传的同时，以各自业务领域为主要方向，结合"宪法法律宣传月"和"3·15""12·4"法治宣传日等特殊时段和节点。面向执法对象、服务对象和社会公众开展广泛的群众性法治宣传活动。开展各类重点突出、针对性强的集中法治宣传活动，切实增强工作的实效性。

（三）坚持上下联动和属地管理相结合的原则

强化上级部门对下级部门、主管部门对下属单位的指导，坚持市、县、乡三级联动普法。落实普法工作属地管理责任，强化地方党委政府对部门普法工作的监督考核，努力形成党委领导、人大监督、政府实施、政协支持、各部门协作配合、全社会共同参与的法治宣传教育新格局。

四、"谁执法谁普法"的主要任务

（一）切实落实普法工作责任制

"谁执法谁普法"工作责任主体要结合自身实际，将普法工作纳入全局工作统筹安排，制定切实可行的年度普法工作计划。健全完善普法领导机制，明确领导职责，加强普法办公室的建设，保证普法工作所需人员和经费。

（二）着力强化法律法规宣传教育

1. 认真开展面向社会的普法活动

结合"12·4"国家宪法日、"4·7"世界卫生日、"7·11"世界人口日等各种主题活动，通过集中宣传咨询、印发资料、LED屏滚动播出等方式，以及网站、微信、微博、广播、电视、报刊等传播平台，围绕行业普法工作重点以及群众关心的热点问题和行业执法工作的重点，开展面向大众的法治宣传教育活动。

2. 扎实做好系统内人员的法治教育

以社会主义法治理念、宪法和国家基本法律法规、依法行政以及反腐倡廉、预防职务犯罪等法律知识为重点，把法治教育与政治理论教育、理想信念教育、职业道德教育、党的优良传统和作风教育结合起来，通过集中办班、举办讲座、召开研讨交流会、组织或参加法律知识考试、自学等方式，加大系统内工作人员法治学习力度，不断增强领导干部和工作人员的法治理念、法律素养和依法行政、依法管理的能力。

（三）大力推进普法执法有机融合

寓普法于执法之中，把普法与执法紧密结合起来，使执法过程成为最生动的普法实践，大力促进普法与执法的有机融合。让法治宣传渗透执法办案的各环节、全过程，利用以案释法、现身说法等形式向社会大众传播法律、宣传法律，通过深化普法，预防违法行为，减少执法阻力，巩固执法成果。

（四）全面建立以案释法制度体系

1. 建立典型案例评选制度

以案释法是利用身边或实际生活中发生的案例诠释法律的过程，要精心筛选具有重大典型教育意义、社会关注度高、与群众关系密切的"身边的案例""成熟的案例""针对性强的案例"，作为释法重点。定期开展行政执法案卷质量评查活动，评选出具有行业特点且与社会大众生活健康息息相关的典型案例。

2. 建立典型案例传播制度

通过在部门网站设立以案释法专栏、免费发放典型案例宣传册等方式，以案释法、以案讲法，让公众进一步了解事实认定、法律适用的过程，了解案件审理、办结的情况。加强与新闻媒体的联系协调，推动落实新闻媒体的公益普法责任，充分发挥新闻媒体的法治传播作用。探索与媒体合作举办以案释法类节目，邀请媒体参与执法，积极引导社会法治风尚，增强法治宣传的传播力和影响力。

3. 建立以案释法公开告知制度

在执法过程中，即时告知执法的法律依据，让行政相对人充分了解有关法律规定，知晓自身行为的违法性、应受到的处罚以及维权救济途径。有针对性地分行业定期举办执法相对人法律法规知识培训，通过强化岗前培训、岗位复训、分层培训，切实提高从业人员自身素质和法治意识。与社区合作，通过举办法治讲座、法律讲堂和开展送法进社区等形式，深入浅出地宣传法律及执法情况，释疑解惑，为各类普法对象宣讲典型案例，以身边人说身边事，用身边事教育身边人，推动法治宣传教育贴近基层、贴近百姓、贴近生活。

五、"谁执法谁普法"的工作要求

（一）高度重视，提高认识

充分认识法治宣传教育对全面推进法治建设的重要意义，实行国家机关"谁执法谁普法"的普法责任制是党的十八届四中全会提出的推动全社会树立法治意识的重要举措，也是推动"七五"普法决议落实、全面完成"七五"普法规划的工作要求。要充分认识开展这项工作的重要性和艰巨性，坚持把全民普法和守法作为依法治国的长期基础性工作，常抓不懈，把落实普法责任作为一项基本的职能工作。

（二）加强领导，明确责任

"谁执法谁普法"是一项涉及面广、工作要求高的系统工程，各单位和部门应按照中央的要求，切实加强对"谁执法谁普法"工作的组织领导，具体抓好落实。要明确工作目标、细化工作方案、创新工作举措、落实工作责任，确保"谁执法谁普法"工作落到实处，见到实效。

（三）创新模式，增强实效

充分发挥主导作用和职能优势，全面结合职责范围、行业特点、普法对象的实际情况和依法治理需要及社会热点，及时跟进相关法律法规的重点宣传。发挥广播、电视、报刊、网络和移动通讯等大众媒体的重要作用，用群众喜闻乐见、寓教于乐的形式突出以案释法、以案普法等，通过多种形式创新开展有特色、有影响、有实效的法治宣传。

（四）强化考核，落实责任

将"谁执法谁普法"工作落实情况纳入依法治理的目标绩效考核，同时对普法宣传工作进行督查，对采取措施不得力、工作不到位、目标未完成的单位予以督促并统一纳入年终考核评价体系，对工作突出的先进集体和先进个人予以表扬。

第二章
宪　法

　　宪法是国家的根本大法。它规定了社会各阶级在国家中的地位，是新时期党和国家的中心工作、基本原则、重大方针、重要政策在国家法制上的最高体现，是国家的根本法和治国安邦的总章程。

　　我国现行宪法符合国情、符合实际、符合时代发展要求，充分体现了人民共同意志、充分保障了人民民主权利、充分维护了人民根本利益，是推动国家发展进步、保障人民生活幸福、保障中华民族实现伟大复兴的根本制度。

　　宪法具有最高的法律效力，任何组织和个人都必须尊重宪法法律权威，都必须在宪法法律范围内活动，都必须依照宪法法律行使权力或权利、履行职责或义务，都不得有超越宪法法律的特权。

第一节　概述

一、宪法是国家的根本大法

　　宪法是规定国家根本制度和根本任务，规定国家机关的组织与活动的基本原则，确认和保障公民基本权利，集中表现各种政治力量对比关系的国家根本法。

　　宪法的根本性表现在以下四个方面：

　　第一，在内容上，宪法规定国家的根本制度、政权组织形式、国家结构形式、公民基本权利和基本义务、宪法实施的保障等内容，反映一个国家政治、经济、文化和社会生活的基本方面。

　　第二，在效力上，宪法在整个法律体系中处于最高的地位，具有最高效力。它是其他法律的立法依据，其他的一般法律都不得抵触宪法。

第三，在规范性上，宪法是各政党、一切国家机关、武装力量、社会团体和全体公民的最根本的行为准则。

第四，在修改程序上，宪法的制定和修改程序比其他一般法律的程序更为严格。

二、我国宪法的地位

中华人民共和国成立后，国家先后颁行了四部宪法。我国的现行宪法是在1982年通过的，至今已经进行了四次修改。

宪法以法律的形式确认了我国各族人民奋斗的成果，规定了国家的根本制度、根本任务和国家生活中最重要的原则，具有最大的权威性和最高的法律效力。全国各族人民、一切国家机关和武装力量、各政党和各社会团体、各企业事业组织，都必须以宪法为根本的活动准则，并负有维护宪法尊严、保证宪法实施的职责。作为根本法的宪法，是中国特色社会主义法律体系的重要组成部分，也是法律体系最核心和最重要的内容。

三、宪法的指导思想

宪法指导思想的明确，经历了一个逐步发展完善的过程。

第一阶段：四项基本原则。

1982年现行宪法制定，确立宪法的指导思想是四项基本原则，即坚持社会主义道路，坚持人民民主专政，坚持中国共产党的领导，坚持马克思列宁主义、毛泽东思想。

第二阶段：建设有中国特色社会主义的理论和党的基本路线。

1993年第二次修宪，以党的十四大精神为指导，突出了建设有中国特色社会主义的理论和党的基本路线。

第三阶段：增加邓小平理论。

1999年第三次修宪，将邓小平理论写入宪法，确立邓小平理论在国家中的指导思想地位。

第四阶段：增加"三个代表"重要思想。

2004年第四次修宪，将"三个代表"重要思想载入宪法，确立其在国家中的指导思想地位。

四、宪法基本原则

（一）人民主权原则

宪法第二条第一款规定："中华人民共和国的一切权力属于人民。""一切权力属于人民"是无产阶级在创建无产阶级政权过程中，在批判性地继承资产阶级民主思想的基础上，对人民主权原则的创造性运用和发展。

（二）基本人权原则

我国宪法第二章"公民的基本权利和义务"专章规定和列举了公民的基本权利，

体现了对公民的宪法保护。2004年的宪法修正案把"国家尊重和保障人权"写入宪法，将中国的宪政发展向前推进了一大步。

（三）法治原则

宪法第五条第一款规定了"中华人民共和国实行依法治国，建设社会主义法治国家"，在宪法上正式确立了法治原则。宪法还规定，一切国家机关和武装力量、各政党和各社会团体、各企业事业组织都必须遵守宪法和法律；一切违反宪法和法律的行为，必须予以追究；任何组织和个人都不得有超越宪法和法律的特权。

（四）民主集中制原则

宪法第三条第一款规定："中华人民共和国的国家机构实行民主集中制的原则。"这既是我国国家机构的组织和活动原则，也是我国宪法的基本原则。

五、宪法确定的国家根本任务

宪法确定的国家的根本任务是：沿着中国特色社会主义道路，集中力量进行社会主义现代化建设。中国各族人民将继续在中国共产党领导下，在马克思列宁主义、毛泽东思想、邓小平理论和"三个代表"重要思想指引下，坚持人民民主专政，坚持社会主义道路，坚持改革开放，不断完善社会主义的各项制度，发展社会主义市场经济，发展社会主义民主，健全社会主义法制，自力更生，艰苦奋斗，逐步实现工业、农业、国防和科学技术的现代化，推动物质文明、政治文明和精神文明协调发展，把我国建设成为富强、民主、文明的社会主义国家。

以案释法 05

一切违反宪法和法律的行为都必须予以追究

2014年8月12日凌晨，公安分局民警在处理一起纠纷案件时，发现人大代表张某涉嫌酒后驾车。随后，前来处理的松江交警支队民警对其进行酒精呼气测试，结果为136毫克/100毫升。另经司法鉴定中心检验和鉴定，张某的血液中乙醇浓度为1.25mg/mL，达到了醉酒状态。经过侦查，警方认定张某涉嫌危险驾驶罪，根据刑事诉讼法第一百零七条的规定，公安分局决定对张某采取刑事强制措施。由于张某有县人大代表的身份，8月14日，公安分局向该县人大常委会发去关于提请批准对涉嫌危险驾驶罪的县人大代表张某采取刑事拘留强制措施的函。10月24日，县十六届人大常委会二十五次会议听取和审议了关于提请许可对县第十六届人大代表张某采取刑事拘留强制措施并暂停其执行代表职务的议案，并依法进行表决。常委会组成人员21名，实到会17名，表决结果：赞成8票，反对1票，弃权8票。因票数未过常委会组成人员的半数，该议案未获通过。11月27日，警方再次提请许可的申请，该县人大常委会会议审议通过了再次提请议案，许可公安分局对张某采取刑事拘留强制措施，并从当日起暂时停止其执行代表职务。

释解

　　宪法第五条第四款规定："一切国家机关和武装力量、各政党和各社会团体、各企业事业组织都必须遵守宪法和法律。一切违反宪法和法律的行为，必须予以追究。"在我国，任何组织或者个人都不得有超越宪法和法律的特权。从人大代表履职需要出发，我国相关法律赋予人大代表以特别的人身保障权，但法律保护的是人大代表的合法权益而不是违法行为。人大代表身份不能成为违法犯罪行为的"护身符"，本案的侦办体现了"一切违反宪法和法律的行为，必须予以追究"的宪法规定在司法实践中得到严格执行。

第二节　我国的基本政治经济制度

一、我国的基本政治制度

（一）人民民主专政

　　宪法所称的国家性质又称国体，是指国家的阶级本质，反映社会各阶级在国家中的地位，体现该国社会制度的根本属性。

　　我国宪法第一条第一款规定"中华人民共和国是工人阶级领导的、以工农联盟为基础的人民民主专政的社会主义国家"，即人民民主专政是我国的国体。这一国体需要从以下方面理解：

　　第一，工人阶级的领导是人民民主专政的根本标志。工人阶级的领导地位是由工人阶级的特点、优点和担负的伟大历史使命所决定的。工人阶级对国家的领导是通过自己的先锋队——中国共产党来实现的。

　　第二，人民民主专政包括对人民实行民主和对敌人实行专政两个方面。在人民内部实行民主是实现对敌人专政的前提和基础，而对敌人实行专政又是人民民主的有力保障，两者是辩证统一的关系。人民民主专政实质上就是无产阶级专政。

　　第三，共产党领导下的多党合作与爱国统一战线是中国人民民主专政的主要特色。爱国统一战线是指由中国共产党领导的，由各民主党派参加的，包括社会主义劳动者、社会主义事业的建设者、拥护社会主义的爱国者和拥护祖国统一的爱国者组成的广泛的政治联盟。目前我国爱国统一战线的任务是为社会主义现代化建设服务，为实现祖国统一大业服务，为维护世界和平服务。

（二）人民代表大会制度

人民代表大会制度是中国人民民主专政的政权组织形式（政体），是中国的根本政治制度。

1. 人民代表大会制度的主要内容

国家的一切权力属于人民。人民行使国家权力的机关是全国人大和地方各级人大。各级人大都由民主选举产生，对人民负责，受人民监督。人大及其常委会集体行使国家权力，集体决定问题，严格按照民主集中制的原则办事。国家行政机关、审判机关、检察机关都由人大产生，对它负责，向它报告工作，受它监督。全国人大是最高国家权力机关，地方各级人大是地方国家权力机关。全国人大和地方各级人大各自按照法律规定的职权，分别审议决定全国的和地方的大政方针。全国人大对地方人大不是领导关系，而是法律监督关系、选举指导关系和工作联系关系。

2. 人民代表大会制度的优越性

人民代表大会制度是适合我国国情的根本政治制度，它直接体现我国人民民主专政的国家性质，是建立我国其他国家管理制度的基础。它有利于保证国家权力体现人民的意志；它有利于保证中央和地方国家权力的统一；它有利于保证我国各民族的平等和团结。

总之，我国人民代表大会制度能够确保国家权力掌握在人民手中，符合人民当家作主的宗旨，适合我国的国情。

（三）中国共产党领导的多党合作和政治协商制度

中国共产党领导的多党合作和政治协商制度是中华人民共和国的一项基本的政治制度，是具有中国特色的政党制度。这种政党制度是由中国人民民主专政的国家性质决定的。

1. 多党合作制度的基本内容

中国共产党是执政党，各民主党派是参政党，中国共产党和各民主党派是亲密战友。中国共产党是执政党，其执政的实质是代表工人阶级及广大人民掌握人民民主专政的国家政权。各民主党派是参政党，具有法律规定的参政权。其参政的基本点是：参加国家政权，参与国家大政方针和国家领导人人选的协商，参与国家事务的管理，参与国家方针、政策、法律、法规的制定和执行。中国共产党和各民主党派合作的首要前提和根本保证是坚持中国共产党的领导和坚持四项基本原则。中国共产党与各民主党派合作的基本方针是"长期共存，互相监督，肝胆相照，荣辱与共"。中国共产党和各民主党派以宪法和法律为根本活动准则。

2. 多党合作的重要机构

中国人民政治协商会议，简称"人民政协"或"政协"，是中国共产党领导的多党合作和政治协商的重要机构，也是中国人民爱国统一战线组织。中国人民政治协商会议是在中国共产党领导下，由中国共产党、各个民主党派、无党派民主人士、人民团体、各少数民族和各界的代表，台湾同胞、港澳同胞和归国侨胞的代表，以及特别邀请的人士组成，具有广泛的社会基础。

人民政协的性质决定了它与国家机关的职能是不同的。人民政协围绕团结和民主两大主题履行政治协商、民主监督和参政议政的职能。

（四）民族区域自治制度

民族区域自治制度，是指在国家统一领导下，各少数民族聚居的地方实行区域自治，设立自治机关，行使自治权的制度。

1.自治机关

民族自治地方按行政地位，分为自治区、自治州、自治县。自治区相当于省级行政单位，自治州是介于自治区与自治县之间的民族自治地方，自治县相当于县级行政单位。民族自治地方的自治机关是自治区、自治州、自治县的人大和人民政府。民族自治地方的自治机关实行人民代表大会制度。

2.自治权

民族自治地方的自治权有以下几个方面：

（1）民族立法权。民族自治地方的人大有权依照当地的政治、经济和文化的特点，制定自治条例和单行条例。

（2）变通执行权。上级国家机关的决议、决定、命令和指标，如果不适合民族自治地方实际情况，自治机关可以报经上级国家机关批准，变通执行或者停止执行。

（3）财政经济自主权。凡是依照国家规定属于民族自治地方的财政收入，都应当由民族自治地方的自治机关自主安排使用。

（4）文化、语言文字自主权。民族自治地方的自治机关在执行公务的时候，依照本民族自治地方自治条例的规定，使用当地通用的一种或者几种语言文字。

（5）组织公安部队权。民族自治地方的自治机关依照国家的军事制度和当地的实际需要，经国务院批准，可以组织本地方维护社会治安的公安部队。

（6）少数民族干部具有任用优先权。

（五）基层群众自治制度

基层群众自治制度是指人民依法组成基层自治组织，行使民主权利，管理基层公共事务和公益事业，实行自我管理、自我服务、自我教育、自我监督的一项制度。

中国的基层群众自治制度，是在新中国成立后的民主实践中逐步形成的。党的十七大将"基层群众自治制度"首次写入党代会报告，正式与人民代表大会制度、中国共产党领导的多党合作和政治协商制度、民族区域自治制度一起，纳入了中国特色政治制度范畴。

我国的基层群众自治组织主要是居民委员会和村民委员会。

二、我国的基本经济制度

（一）所有制度

1. 我国的所有制结构概述

我国的所有制结构是公有制为主体、多种所有制经济共同发展。这是我国社会主义初级阶段的一项基本经济制度，它的确立是由我国的社会主义性质和初级阶段的国情决定的。我国是社会主义国家，必须坚持把公有制作为社会主义经济制度的基础。我国处在社会主义初级阶段，需要在公有制为主体的条件下发展多种所有制经济。一切符合"三个有利于"的所有制形式都可以而且应该用来为社会主义服务。我国社会主义建设正反两方面的经验都表明必须坚持以公有制为主体、多种所有制经济共同发展。

2. 公有制

（1）公有制的内容。公有制是生产资料归劳动者共同所有的所有经济结构形式，包括全民所有制和集体所有制。全民所有制经济即国有经济，是国民经济的主导力量。国家保障国有经济的巩固和发展。集体所有制经济是国民经济的基础力量。国家保护城乡集体经济组织的合法的权利和利益，鼓励、指导和帮助集体经济的发展。

（2）公有制的地位。公有制是我国所有制结构的主体，它的主体地位体现在：第一，就全国而言，公有资产在社会总资产中占优势；第二，国有经济控制国民经济的命脉，对经济发展起主导作用。国有经济的主导作用主要体现在控制力上，即体现在控制国民经济发展方向，控制经济运行的整体态势，控制重要稀缺资源的能力上。在关系国民经济的重要行业和关键领域，国有经济必须占支配地位。

（3）公有制的作用。生产资料公有制是社会主义的根本经济特征，是社会主义经济制度的基础，是国家引导、推动经济和社会发展的基本力量，是实现最广大人民群众根本利益和共同富裕的重要保证。坚持公有制为主体，国有经济控制国民经济命脉，对发挥社会主义制度的优越性，增强我国的经济实力、国防实力和民族凝聚力，提高我国国际地位，具有关键性作用。

3. 非公有制

非公有制经济是我国现阶段除了公有制经济形式以外的所有经济结构形式，主要包括个体经济、私营经济、外资经济等。

（1）个体经济，是由劳动者个人或家庭占有生产资料，从事个体劳动和经营的所有制形式。它是以劳动者自己劳动为基础，劳动成果直接归劳动者所有和支配。

（2）私营经济，是以生产资料私有和雇佣劳动为基础，以取得利润为目的的所有制形式。

（3）外资经济，是我国发展对外经济关系，吸引外资建立起来的所有制形式。

它包括中外合资经营企业、中外合作经营企业中的境外资本部分，以及外商独资企业。

非公有制经济是我国社会主义市场经济的重要组成部分，国家保护个体经济、私营经济等非公有制经济的合法权利和利益，鼓励、支持和引导非公有制经济的发展，并对非公有制经济依法实行监督和管理。

（二）分配制度

我国现行的分配制度是以按劳分配为主体、多种分配方式并存的分配制度。这种分配制度是由我国社会主义初级阶段的生产资料所有制结构、生产力的发展水平，以及人们劳动差别的存在决定的，同时也是发展社会主义市场经济的客观要求。

按劳分配的主体地位表现在：（1）全社会范围的收入分配中，按劳分配占最大比重，起主要作用；（2）公有制经济范围内劳动者总收入中，按劳分配收入是最主要的收入来源。除了按劳分配以外，其他分配方式主要还包括按经营成果分配；按劳动、资本、技术、土地等其他生产要素分配。

第三节　公民的基本权利和义务

一、公民的基本权利

公民的基本权利是由一国的宪法规定的公民享有的，主要的、必不可少的权利，故有些国家又把公民的基本权利称为宪法权。

（一）平等权

宪法第三十三条第二款规定："中华人民共和国公民在法律面前一律平等。"这既是我国社会主义法治的一项重要原则，也是我国公民的一项基本权利。其含义有以下几点：第一，我国公民不分民族、种族、性别、职业、家庭出身、宗教信仰、教育程度、财产状况、居住期限，一律平等地享有宪法和法律规定的权利并平等地承担相应的义务；第二，国家机关对公民平等权利进行保护，对公民履行义务平等进行约束；第三，所有公民在适用法律上一律平等，不允许任何组织和个人有超越宪法和法律之上的特权；第四，法律面前一律平等还包括民族平等和男女平等。

（二）政治权利和自由

1.选举权与被选举权

宪法第三十四条规定："中华人民共和国年满十八周岁的公民，不分民族、种族、性别、职业、家庭出身、宗教信仰、教育程度、财产状况、居住期限，都有选举权和被选举权；但是依照法律被剥夺政治权利的人除外。"选举权与被选举权包含以下内容：公民有权按照自己的意愿选举人民代表；公民有被选举为人民代表的权利；

公民有依照法定程序罢免那些不称职的人民代表的权利。

选举权和被选举权是公民参加国家管理的一项最基本的政治权利，也是最能体现人民群众当家作主的一项权利。

2. 言论、出版、集会、结社、游行、示威的自由

宪法第三十五条规定："中华人民共和国公民有言论、出版、集会、结社、游行、示威的自由。"言论自由就是宪法规定公民通过口头或书面形式表达自己意见的自由。出版自由是公民以出版物形式表达其思想和见解的自由。集会自由是指公民享有宪法赋予的聚集在一定场所商讨问题或表达意愿的自由。结社自由是公民为一定宗旨，依照法定程序组织或参加具有连续性的社会团体的自由。游行自由是指公民采取列队行进的方式来表达意愿的自由。示威自由是指通过集会或游行、静坐等方式表达强烈意愿的自由。

我国宪法一方面保障公民享有集会、游行、示威等自由，另一方面也规定了公民应当遵守有关的法律规定。

（三）宗教信仰自由

宪法第三十六条第一款规定："中华人民共和国公民有宗教信仰自由。"尊重和保护宗教信仰自由，是我们党和国家长期的基本政策。

（四）人身自由

宪法第三十七条规定："中华人民共和国公民的人身自由不受侵犯。任何公民，非经人民检察院批准或者决定或者人民法院决定，并由公安机关执行，不受逮捕。禁止非法拘禁和以其他方法非法剥夺或者限制公民的人身自由，禁止非法搜查公民的身体。"

人身自由有广义、狭义之分。狭义的人身自由是指公民的身体自由不受侵犯。广义的人身自由还包括公民的人格尊严不受侵犯、公民的住宅不受侵犯、公民的通信自由和通信秘密受法律保护。

人身自由不受侵犯，是公民最起码、最基本的权利，是公民参加各种社会活动和享受其他权利的先决条件。

（五）监督权

监督权是指宪法赋予公民监督国家机关及其工作人员的活动的权利，包括：

批评权。公民有对国家机关和国家工作人员工作中的缺点和错误提出批评意见的权利。

建议权。公民有对国家机关和国家工作人员的工作提出合理化建议的权利。

控告权。公民对任何国家机关和国家工作人员的违法失职行为有向有关机关进行揭发和指控的权利。

检举权。公民对于违法失职的国家机关和国家工作人员，有向有关机关揭发事

实，请求依法处理的权利。

申诉权。公民的合法权益因行政机关或司法机关作出的错误的、违法的决定或裁判，或者因国家工作人员的违法失职行为而受到侵害时，有向有关机关申诉理由、要求重新处理的权利。

（六）社会经济权利

劳动权。劳动权是指有劳动能力的公民有获得工作并取得相应报酬的权利。

休息权。休息权是为保护劳动者的身体健康和提高劳动效率而休息的权利。

退休人员生活保障权。退休人员生活保障权是指退休人员的生活受到国家和社会保障的权利。

获得物质帮助权。获得物质帮助权是指公民在年老、疾病或者丧失劳动能力的情况下，有从国家和社会获得物质帮助的权利。

（七）文化教育权利

公民有受教育的权利。公民享有从国家接受文化教育的机会和获得受教育的物质帮助的权利。

公民有进行科研、文艺创作和其他文化活动的自由。我国宪法规定，公民有进行科学研究、文学艺术创作和其他文化活动的自由。国家对于从事教育、科学、技术、文学、艺术和其他文化事业的公民的有益于人民的创造性工作，给以鼓励和帮助。

（八）对社会特定人的权利的保护

国家保护妇女的权利和利益。宪法第四十八条规定："中华人民共和国妇女在政治的、经济的、文化的、社会的和家庭的生活等各方面享有同男子平等的权利。国家保护妇女的权利和利益，实行男女同工同酬，培养和选拔妇女干部。"

婚姻、家庭、老人和儿童受国家的保护。宪法第四十九条规定，婚姻、家庭、母亲和儿童受国家的保护；禁止破坏婚姻自由，禁止虐待老人、妇女和儿童。

国家保护华侨、归侨和侨眷的权利和利益。宪法第五十条规定："中华人民共和国保护华侨的正当的权利和利益，保护归侨和侨眷的合法的权利和利益。"

二、公民的基本义务

宪法规定的公民基本义务包括：

第一，维护国家统一和各民族团结的义务。宪法第五十二条规定："中华人民共和国公民有维护国家统一和全国各民族团结的义务。"

第二，遵纪守法和尊重社会公德的义务。宪法第五十三条规定："中华人民共和国公民必须遵守宪法和法律，保守国家秘密，爱护公共财产，遵守劳动纪律，遵守公共秩序，尊重社会公德。"

第三，维护祖国的安全、荣誉和利益的义务。宪法第五十四条规定："中华人民共和国公民有维护祖国的安全、荣誉和利益的义务，不得有危害祖国的安全、荣誉和利益的行为。"

第四，保卫祖国，依法服兵役和参加民兵组织。宪法第五十五条规定："保卫祖国，抵抗侵略是中华人民共和国每一个公民的神圣职责。依照法律服兵役和参加民兵组织是中华人民共和国公民的光荣义务。"

第五，依法纳税的义务。宪法第五十六条规定："中华人民共和国公民有依照法律纳税的义务。"

第六，其他义务。宪法规定的公民基本义务还包括：劳动的义务、受教育的义务、夫妻双方有实行计划生育的义务、父母有抚养教育未成年子女的义务以及成年子女有赡养扶助父母的义务等。

第四节　国家机构的设置及功能

一、国家机构的概述

国家机构是国家为了实现其职能而建立起来的国家机关的总和。我国国家机构由权力机关、行政机关、军事机关、审判机关、检察机关组成。我国国家机构的组织和活动有五大原则：一是民主集中制原则；二是联系群众，为人民服务原则；三是社会主义法治原则；四是责任制原则；五是精简和效率原则。

二、权力机关

（一）全国人大及其常委会

1. 全国人大

全国人大是全国最高的权力机关、立法机关，不只是在权力机关中的地位最高，而且在所有的国家机关中地位最高。全国人大由省、自治区、直辖市、特别行政区和军队选出的代表组成。各少数民族都应当有适当名额的代表。全国人大每届任期五年。

全国人大的主要职权：

立法权。修改宪法，制定和修改刑事、民事、国家机构的和其他的基本法律。

任免权。选举、决定和任免最高国家机关领导人和有关组成人员。

决定权。决定国家重大事务。

监督权。监督宪法和法律的实施，监督最高国家机关的工作。

2. 全国人大常委会

全国人大常委会是全国人大的常设机关，是最高国家权力机关的组成部分，在全国人大闭会期间，行使最高国家权力。全国人大常委会对全国人大负责并报告工作。全国人大选举并有权罢免全国人大常委会的组成人员。全国人大常委会每届任期同全国人大每届任期相同，它行使职权到下届全国人大选出新的常委会为止。

（二）地方各级人大及人大常委会

地方各级人大是地方权力机关。省、直辖市、自治区、县、市、市辖区、乡、民族乡、镇设立人大。县级以上的地方各级人大设立常委会，作为本级人大的常设机关。县级以上地方各级人大及其常委会委员每届任期五年。

（三）民族自治地方各级人大及人大常委会

民族自治地方的权力机关是自治区、自治州、自治县的人民代表大会。

民族自治地方的人民代表大会有权依照当地民族的政治、经济和文化的特点，制定自治条例和单行条例。自治区的自治条例和单行条例，报全国人民代表大会常务委员会批准后生效。自治州、自治县的自治条例和单行条例，报省或者自治区的人民代表大会常务委员会批准后生效，并报全国人民代表大会常务委员会备案。

三、国家主席

国家主席是我国国家机构体系中的一个国家机关，和全国人大常委会结合起来行使国家职权，对外代表中华人民共和国。

国家主席、副主席，由全国人大选举产生，任期是五年，连续任期不得超过两届。

国家主席根据全国人民代表大会的决定和全国人民代表大会常务委员会的决定，公布法律，任免国务院总理、副总理、国务委员、各部部长、各委员会主任、审计长、秘书长，授予国家的勋章和荣誉称号，发布特赦令，宣布进入紧急状态，宣布战争状态，发布动员令。

国家主席代表中华人民共和国进行国事活动，接受外国使节；根据全国人民代表大会常务委员会的决定，派遣和召回驻外全权代表，批准和废除同外国缔结的条约和重要协定。

四、行政机关

（一）国务院

国务院即中央人民政府，是国家最高行政机关，是国家最高权力机关的执行机关，统一领导全国各级行政机关的工作。

国务院由总理、副总理、国务委员、各部部长、各委员会主任、审计长、秘书长组成，国务院组成人员的任期为五年，总理、副总理、国务委员的连续任期不得超过两届。

国务院向全国人大及其常委会负责并报告工作，总理领导国务院的工作，副总理、国务委员协助总理工作。

国务院行使以下职权：第一，根据宪法和法律，规定行政措施，制定行政法规，发布决定和命令；第二，向全国人民代表大会或者全国人民代表大会常务委员会提出议案；第三，规定各部和各委员会的任务和职责，统一领导各部和各委员会的工作，并且领导不属于各部和各委员会的全国性的行政工作；第四，统一领导全国地方各级国家行政机关的工作，规定中央和省、自治区、直辖市的国家行政机关的职权的具体划分；第五，编制和执行国民经济和社会发展计划和国家预算；第六，领导和管理经济工作和城乡建设；第七，领导和管理教育、科学、文化、卫生、体育和计划生育工作；第八，领导和管理民政、公安、司法行政和监察等工作；第九，管理对外事务，同外国缔结条约和协定；第十，领导和管理国防建设事业；第十一，领导和管理民族事务，保障少数民族的平等权利和民族自治地方的自治权利；第十二，保护华侨的正当的权利和利益，保护归侨和侨眷的合法的权利和利益；第十三，改变或者撤销各部、各委员会发布的不适当的命令、指示和规章；第十四，改变或者撤销地方各级国家行政机关的不适当的决定和命令；第十五，批准省、自治区、直辖市的区域划分，批准自治州、县、自治县、市的建置和区域划分；第十六，依照法律规定决定省、自治区、直辖市的范围内部分地区进入紧急状态；第十七，审定行政机构的编制，依照法律规定任免、培训、考核和奖惩行政人员；第十八，全国人民代表大会和全国人民代表大会常务委员会授予的其他职权。

（二）地方各级人民政府

地方各级人民政府是地方国家行政机关，也是地方各级人大的执行机关。地方各级人民政府对本级人大和上一级国家行政机关负责并报告工作。县级以上的地方各级人民政府在本级人大闭会期间，对本级人大常委会负责并报告工作。地方各级人民政府都受国务院统一领导，负责组织和管理本行政区域的各项行政事务。

（三）民族自治地方各级人民政府

民族自治地方的行政机关是自治区、自治州、自治县的人民政府。民族自治地方各级人民政府行使宪法规定的地方各级人民政府的职权，同时依照宪法、民族区域自治法和其他法律规定的权限行使自治权，根据本地方实际情况贯彻执行国家的法律、政策。

五、军事机关

中央军委是中国共产党领导下的最高军事领导机关，统率全国武装力量（解放军、武装警察部队、民兵、预备役）。

中央军委由主席、副主席、委员组成，实行主席负责制。主席由全国人大选举产生，副主席和委员根据主席的提名由大会决定，大会闭会期间由人大常委会决定。中央军委的委员每届任期五年，主席和副主席可以终身任职。

中央军委实行主席负责制，军委主席直接对全国人大及其常委会负责。

六、审判机关

人民法院是国家的审判机关，依法独立行使审判权，不受行政机关、团体和个人的非法干预。人民法院体系由最高人民法院、地方人民法院（高级人民法院、中级人民法院、基层人民法院）、专门人民法院（军事法院、海事法院、铁路运输法院）构成。

最高人民法院是国家最高的审判机关，地方人民法院是地方的审判机关，专门人民法院是专门审判机关。最高人民法院监督地方各级人民法院和专门人民法院的审判工作，上级人民法院监督下级人民法院的审判工作。

最高人民法院对全国人大和全国人大常委会负责。地方各级人民法院对产生它的国家权力机关负责。

最高人民法院由院长、副院长、庭长、副庭长、审判员等若干人组成。最高人民法院的院长由全国人大选举产生，任期五年，连任不得超过两届。

七、检察机关

人民检察院是国家的法律监督机关，依法独立行使检察权，不受行政机关、社会团体和个人的干涉。

人民检察院体系由最高人民检察院、地方人民检察院和专门人民检察院构成。

最高人民检察院是最高法律监督机关，领导地方各级人民检察院和专门人民检察院的工作，上级人民检察院领导下级人民检察院的工作。

最高人民检察院对全国人大及其常委会负责。地方各级人民检察院对产生它的国家权力机关和上级人民检察院负责。

全国人大选举产生最高人民检察院检察长；根据最高人民检察院检察长的提请，全国人大常委会任免最高人民检察院副检察长、检察员、检察委员会委员和军事检察院检察长，并且批准省、自治区、直辖市的人民检察院检察长的任免。

第五节　国家宪法日和宪法宣誓制度

一、国家宪法日

（一）国家宪法日的设立

党的十八届四中全会通过的《中共中央关于全面推进依法治国若干重大问题的决定》提出，将每年12月4日定为国家宪法日。2014年11月1日，十二届全国人大常委会十一次会议通过的《全国人民代表大会常务委员会关于设立国家宪法日的决定》，正式将12月4日设立为国家宪法日；决定在宪法日，国家通过多种形式开展宪法宣传教育活动。

（二）国家宪法日的设立目的及意义

宪法是国家的根本法，是治国安邦的总章程，具有最高的法律地位、法律权威和法律效力。全面贯彻实施宪法，是全面推进依法治国、建设社会主义法治国家的首要任务和基础性工作。全国各族人民、一切国家机关和武装力量、各政党和各社会团体、各企业事业组织，都必须以宪法为根本的活动准则，并且负有维护宪法尊严、保证宪法实施的职责。任何组织或者个人都不得有超越宪法和法律的特权，一切违反宪法和法律的行为都必须予以追究。国家宪法日设立的目的，是为了增强全社会的宪法意识，弘扬宪法精神，加强宪法实施，全面推进依法治国。设立国家宪法日，有助于树立宪法权威，维护宪法尊严；有助于普及宪法知识，增强全社会宪法意识，弘扬宪法精神；有助于扩大宪法实施的群众基础，加强宪法实施的良好氛围，弘扬中华民族的宪法文化。

二、宪法宣誓制度

（一）宪法宣誓制度的确立及意义

2015年7月1日，十二届全国人大常委会十五次会议通过了《全国人民代表大会常务委员会关于实行宪法宣誓制度的决定》，以国家立法形式确立了我国的宪法宣誓制度，该决定自2016年1月1日起施行。决定指出：宪法是国家的根本法，是治国安邦的总章程，具有最高的法律地位、法律权威和法律效力。国家工作人员必须树立宪法意识，恪守宪法原则，弘扬宪法精神，履行宪法使命。宪法宣誓制度的确立及实行，具有非常重要的意义。

实行宪法宣誓制度有利于树立宪法权威；有利于增强国家工作人员的宪法观念，激励和教育国家工作人员忠于宪法、遵守宪法、维护宪法。宪法宣誓仪式是庄严神圣的，宣誓人员通过感受宪法的神圣，铭记自己的权力来源于人民、来源于宪法，在履行职务时就可以严格按照宪法的授权行使职权，发现违反宪法的行为就能够坚决地捍卫宪法、维护宪法。实行宪法宣誓制度也有利于在全社会增强宪法意识。通过宪法宣誓活动，可以强化全体公民对宪法最高法律效力、最高法律权威、最高法律地位的认识，可以提高全体社会成员自觉遵守宪法，按照宪法规定行使权利和履行义务的能力。

（二）宪法宣誓制度的适用主体

根据《全国人民代表大会常务委员会关于实行宪法宣誓制度的决定》的规定，宪法宣誓制度的适用主体主要有：各级人大及县级以上各级人大常委会选举或者决定任命的国家工作人员，以及各级人民政府、人民法院、人民检察院任命的国家工作人员。

全国人大选举或者决定任命的国家主席、副主席，全国人大常委会委员长、副委员长、秘书长、委员，国务院总理、副总理、国务委员、各部部长、各委员会主任、中国人民银行行长、审计长、秘书长，中央军委主席、副主席、委员，最高人民法院院长，最高人民检察院检察长，以及全国人大专门委员会主任委员、副主任委员、委员等，在依照法定程序产生后，进行宪法宣誓。在全国人大闭会期间，全国人大常委会任命或者决定任命的全国人大专门委员会个别副主任委员、委员，国务院部长、委员会主任、中国人民银行行长、审计长、秘书长，中央军委副主席、委员，在依照法定程序产生后，进行宪法宣誓。全国人大常委会任命的全国人大常委会副秘书长，全国人大常委会工作委员会主任、副主任、委员，全国人大常委会代表资格审查委员会主任委员、副主任委员、委员等，在依照法定程序产生后，进行宪法宣誓。以上宣誓仪式由全国人大常委会委员长会议组织。

全国人大常委会任命或者决定任命的最高人民法院副院长、审判委员会委员、庭长、副庭长、审判员和军事法院院长，最高人民检察院副检察长、检察委员会委员、检察员和军事检察院检察长，国家驻外全权代表，在依照法定程序产生后，进行宪法宣誓。宣誓仪式由最高人民法院、最高人民检察院、外交部分别组织。

国务院及其各部门、最高人民法院、最高人民检察院任命的国家工作人员，在就职时进行宪法宣誓。宣誓仪式由任命机关组织。

地方各级人大及县级以上地方各级人大常委员会选举或者决定任命的国家工作人员，以及地方各级人民政府、人民法院、人民检察院任命的国家工作人员，在依照法定程序产生后，进行宪法宣誓。宣誓的具体组织办法由省、自治区、直辖市人民代表大会常务委员会参照《全国人民代表大会常务委员会关于实行宪法宣誓制度的决定》制定，报全国人民代表大会常务委员会备案。

（三）宪法宣誓誓词内容

根据《全国人民代表大会常务委员会关于实行宪法宣誓制度的决定》的规定，宪法宣誓誓词为："我宣誓：忠于中华人民共和国宪法，维护宪法权威，履行法定职责，忠于祖国、忠于人民，恪尽职守、廉洁奉公，接受人民监督，为建设富强、民主、文明、和谐的社会主义国家努力奋斗！"

（四）宪法宣誓形式

根据决定的规定，宪法宣誓仪式根据情况，可以采取单独宣誓或者集体宣誓的形式。单独宣誓时，宣誓人应当左手抚按《中华人民共和国宪法》，右手举拳，诵读誓词。集体宣誓时，由一人领誓，领誓人左手抚按《中华人民共和国宪法》，右手举拳，领诵誓词；其他宣誓人整齐排列，右手举拳，跟诵誓词。宣誓场所应当庄重、严肃，悬挂中华人民共和国国旗或者国徽。负责组织宣誓仪式的机关，可以根据决定并结合实际情况，对宣誓的具体事项作出规定。

第三章
我国行政法律制度

依法行政是依法治国基本方略的重要组成部分，对建设法治中国具有重大意义。依法行政，是政府行政权运行的基本原则，它要求行政机关行使行政权力必须要有法律授权，强调有权有责，用权受监督，损害须赔偿，违法须纠正。

行政法是关于行政权授予、行政权的行使，以及对行政权的授予、行使进行监督的法律规范的总和。主要包括三方面的内容。一是行政组织法，即关于行政权的授予和组织行政机关的法律。由行政组织法、行政编制法和公务员法等法律组成。二是行政行为法，即关于行政权行使的法律，由行政许可、行政处罚、行政收费、行政强制、行政征收、行政裁决等法律组成。这部分的行政法律制度具有普遍适用性，与各级政府及各个部门都有关。此外，还有按行政管理事项划分的涉及行政权行使的法律，称为部门行政法，如公安、环保、税务等。三是行政监督法，即对行政机关的组织、行政权的行使进行监督的法律。由行政监察法、审计法、行政复议法、行政诉讼法、行政赔偿法等组成。

第一节　我国依法行政的发展历程

1978年党的十一届三中全会的召开，为我国的民主法制建设指明了前进的方向，奠定了坚实的思想基础，为发扬社会主义民主、健全社会主义法制提供了强有力的政治保障。1979年，包括国家机构、刑事、民事在内的一批规范国家政治、经济、文化和社会生活的法律相继出台，为在国家和社会事务管理方面实现有法可依、有法必依、执法必严、违法必究打下了基础。

1982年，现行宪法颁布，对国家机构及其相互关系和职责权限、公民的权利义务等，作出了许多新的重要规定。该部宪法第五条明确规定："国家维护社会主义法制的统一和尊严。一切法律、行政法规和地方性法规都不得同宪法相抵触。一切国家机关和武装力量、各政党和各社会团体、各企业事业组织都必须遵守宪法和法律。一切违反宪法和法律的行为，必须予以追究。任何组织或者个人都不得有超越宪法和法律的特权。"这是依法行政的重要宪法依据。在此期间，国务院组织法和地方组织法的出台，也从制度建设上进一步推动了依法行政的进程。

1984年全国人大六届三次会议上，彭真同志明确提出，国家管理要从依靠政策办事逐步过渡到不仅仅依靠政策还要建立、健全法制，依法办事。随着经济体制改革的不断深入，民主法制观念的逐步加强，1989年4月行政诉讼法颁布。这是我国行政立法指导思想和价值取向的一次重大转变，标志着我国从注重行政权力的确立与维护，开始转向对行政权力的监督与制约，对公民权利的具体确认与保护。这是通过实践"民"告"官"的诉讼程序来促进行政机关依法行政的一项重大举措。

1992年党的十四大正式确立了社会主义市场经济体制，加快依法行政步伐，已成为时代和社会发展的客观要求。1993年八届全国人大一次会议通过的《政府工作报告》明确提出："各级政府都要依法行政，严格依法办事。一切公务人员都要带头学法、懂法，做执法守法的模范。"这是我国第一次以政府文件的形式正式明确提出依法行政的原则。1997年9月，党的十五大正式确立了依法治国、建设社会主义法治国家的基本方略，依法行政的进程从此开始全面提速。

2002年11月，召开的党的十六大，把发展社会主义民主政治，建设社会主义政治文明，作为全面建设小康社会的重要目标之一，明确提出加强对执法活动的监督，推进依法行政。2007年10月，召开的党的十七大，从全面落实依法治国基本方略，加快建设社会主义法治国家的高度，就推行依法行政、加快行政管理体制改革，建设服务型政府，完善制约机制，健全组织法制和程序规则，保证国家机关按照法定权限和程序行使权力、履行职责等提出具体要求。

在此期间，国家公务员暂行条例（1993）、国家赔偿法（1994）、行政处罚法（1996）、行政监察法（1997）、行政复议法（1999）、立法法（2000）、政府采购法（2002）、行政许可法（2003）、公务员法（2005）、行政强制法（2011）等陆续出台，依法行政的体制机制不断健全、依法行政的法律制度日渐完备。

与此同时，1999年11月国务院发布了《关于全面推进依法行政的决定》，对依法行政提出了具体要求。2004年3月国务院颁发了《全面推进依法行政实施纲要》，对全国依法行政的现状进行了深刻总结，对进一步深入推进依法行政提出了全面要求，并第一次明确提出经过十年左右坚持不懈的努力，基本实现建设法治政府的工作目标。

鉴于依法行政的重点难点在市县两级，2008年5月国务院还进一步作出了《关于加强市县政府依法行政的决定》，就扎实推进市县政府依法行政提出工作要求。2012年11月，党的十八大明确要求，推进依法行政，切实做到严格规范公正文明执法。2013年11月，党的十八届三中全会进一步明确提出，建设法治中国，必须坚持依法治国、依法执政、依法行政共同推进，坚持法治国家、法治政府、法治社会一体建设。依法行政被纳入法治中国建设进程中统一部署、整体推进。2014年11月，党的十八届四中全会就深入推进依法行政，加快建设法治政府作出总体部署，要求各级政府必须坚持在党的领导下、在法治轨道上开展工作，加快建设职能科学、权责法定、执法严明、公开公正、廉洁高效、守法诚信的法治政府。

第二节　行政组织法

行政组织法是规范行政机关的职能、组织、编制的法律制度。我国宪法明确规定，中华人民共和国的一切权力属于人民。人民行使国家权力的机关是全国人大和地方各级人大。国家的行政机关是权力机关的执行机关。因此从根本上讲，行政机关行使的行政权力是权力机关通过法律授予的。正因为如此，行政机关必须遵循职权法定原则，不能法外行权。行政组织法中就是规范有关行政组织的性质、地位、职权、职能等方面的法律总称。

行政组织是行政权力的载体，行政组织法通过对行政机关的机构设置、编制与职数、活动方式，以及行政机关的设立、变更和撤销程序等的规定，进而对行政权力行使进行制约，以避免主观随意性。在这方面，我国的国务院组织法和地方组织法，对规范国务院和地方政府的机构设置与职权行使，起到了重要作用。

一、国务院组织法

1982年制定的国务院组织法，是根据宪法中有关国务院的规定内容，对国务院的组成、组织原则、职权行使、会议制度、部委设置等均作出了明确规定。

根据国务院组织法的规定，国务院由总理、副总理、国务委员、各部部长、各委员会主任、审计长、秘书长组成；国务院实行总理负责制，总理领导国务院的工作，副总理、国务委员协助总理工作；国务院行使宪法第八十九条规定的职权；国务院会议分为国务院全体会议和国务院常务会议。国务院全体会议由国务院全体成员组成。国务院常务会议由总理、副总理、国务委员、秘书长组成。国务院工作中的重大问题，必须经国务院常务会议或者国务院全体会议讨论决定；国务院秘书长在总理领导下，负责处理国务院的日常工作；国务院各部、各委员会的设立、撤销或者合并，经总理提出，由全国人大决定；在全国人大闭会期间，由全国人大常委会决定；国务院各部、各委员会实行部长、主任负责制。各部部长、各委员会主任领导本部门的工作，召集和主持部务会议或者委员会会议、委务会议，签署上报国务院的重要请示、报告和下达的命令、指示。各部、各委员会工作中的方针、政策、计划和重大行政措施，应向国务院请示报告，由国务院决定。根据法律和国务院的决定，主管部、委员会可以在本部门的权限内发布命令、指示和规章。

二、地方组织法

《地方各级人民代表大会和地方各级人民政府组织法》于1979年通过，并于2015年作了最新修正。它具体规定了地方各级人民政府的性质、组成、任期、职权、组织原则、会议制度、机构设置等，为规范和制约地方各级政府的行政权力的行使提供了基本的法律依据。

根据地方组织法的规定，地方各级人民政府是地方各级人大的执行机关，是地方各级国家行政机关，对本级人大和上一级国家行政机关负责并报告工作。地方各级人民政府都是国务院统一领导下的国家行政机关，都服从国务院。省、自治区、直辖市、自治州、设区的市的人民政府分别由省长、副省长，自治区主席、副主席，市长、副市长，州长、副州长和秘书长、厅长、局长、委员会主任等组成。县、自治县、不设区的市、市辖区的人民政府分别由县长、副县长，市长、副市长，区长、副区长和局长、科长等组成。乡、民族乡的人民政府设乡长、副乡长。民族乡的乡长由建立民族乡的少数民族公民担任。镇人民政府设镇长、副镇长。地方各级人民政府每届任期五年。

此外，这部法律还具体规定了地方各级人民政府的职权、组织原则、会议制度、内设机构、管理体制等。

尽管我国法律对行政部门的设置、行政权力的行使有着相应的法律规范和制约，但多年来的实践同时也证明，行政机关职权不清、相互交叉冲突，政府职能转变不能适应市场经济的需要，机构臃肿，人浮于事等问题始终存在并难以解决。由于已有的行政组织法还不能完全起到应有的规范和制约作用，以致有时还不得不辅之以相应的机构改革。正因为如此，1997年党的十五大就曾明确提出，深化行政体制改革，实现国家机构组织、职能、编制、工作程序的法定化。2013年党的十八届三中全会进一步明确提出，转变政府职能必须深化机构改革。优化政府机构设置、职能配置、工作流程，完善决策权、执行权、监督权既相互制约又相互协调的行政运行机制。为此，切实按照党中央的要求，进一步完善行政组织法成为当前完善行政法律制度面临的一项重要任务。

三、公务员法

这部法律制定于2005年，具体规定了公务员的入职条件、权利义务、职务级别、录用考核、职务任免、职务升降、奖励惩戒与培训、交流与回避、工资福利保险、辞职辞退与退休、申诉控告、职位聘任及法律责任。这部法律的制定和实施，为规范公职人员的组织管理和职务履行提供了基本的法律遵循。

根据该法的规定，公务员职务分为领导职务和非领导职务。领导职务层次分为：国家级正职、国家级副职、省部级正职、省部级副职、厅局级正职、厅局级副职、县处级正职、县处级副职、乡科级正职、乡科级副职。非领导职务层次在厅局级以下设置。综合管理类的非领导职务分为：巡视员、副巡视员、调研员、副调研员、主任科员、副主任科员、科员、办事员。各机关依照确定的职能、规格、编制限额、职数以及结构比例，设置本机关公务员的具体职位，并确定各职位的工作职责和任职资格条件以及考核、奖惩、专门纪律要求、回避、辞职、辞退、退休、申诉控告等内容。

第三节　行政行为法

行政行为一般是指行政机关依法行使权力，管理公共事务，直接或间接产生法律后果的行为。各行政机关共同性的行政行为，可分为行政立法行为和行政执法行为。其中，行政立法行为主要是指国务院制定行政法规、国务院各部委制定部委规章，各省、自治区、直辖市政府、省会市和经国务院批准的较大市政府和设区的市制定地方规章的行为。行政执法行为，又称具体行政行为，是指行政机关行使行政权力，对特定的公民、法人和其他组织作出的有关其权利义务的单方行为。具体行政行为的表现形式包括：行政命令、行政征收、行政许可、行政确认、行政监督检查、行政处罚、行政强制、行政给付、行政奖励、行政裁决、行政赔偿等。随着推进依法治国、建设法治政府的需要，我国陆续出台了一系列行政行为法，适用频率高的有行政许可法、行政处罚法和行政强制法。

一、行政许可法

行政许可是指行政机关根据公民、法人或者其他组织的申请，经依法审查，准予其从事特定活动的行为。2003年颁布实施的行政许可法，对行政许可的实施机关、行政许可的实施程序、申请与受理、审查与决定、期限、听证、变更与延续，以及行政许可的费用和监督检查等作出了具体规定。实践证明，这部法律的颁布实施，对规范行政许可的设定和实施，保护公民、法人和其他组织的合法权益，维护公共利益和社会秩序，保障和监督行政机关有效实施行政管理，提供了重要的法律保障。这部法律具体规定的内容主要包括：

（一）行政许可的设定范围

设定行政许可的应当属于直接涉及国家安全、公共安全、经济宏观调控、生态环境保护以及直接关系人身健康、生命财产安全等特定活动，需要按照法定条件予以批准的事项；有限自然资源开发利用、公共资源配置以及直接关系公共利益的特定行业的市场准入等，需要赋予特定权利的事项；提供公众服务并且直接关系公共利益的职业、行业，需要确定具备特殊信誉、特殊条件或者特殊技能等资格、资质的事项；直接关系公共安全、人身健康、生命财产安全的重要设备、设施、产品、物品，需要按照技术标准、技术规范，通过检验、检测、检疫等方式进行审定的事项；企业或者其他组织的设立等，需要确定主体资格的事项；法律、行政法规规定可以设定行政许可的其他事项。但上述事项如果属于公民、法人或者其他组织能够自主决定的；市场竞争机制能够有效调节的；行业组织或者中介机构能够自律管理的；行政机关采用事后监督等其他行政管理方式能够解决的，便可以不设行政许可。该法同时还明确规定，法规、规章对实施上位法设定的行政许可作出的具体规定，不得增设行政许可；对行政许可条件作出的具体规定，不得增设违反上位法的其他条件。

（二）行政许可的实施机关

行政许可的实施机关主要包括有权行政机关、具有管理公共事务职能的组织和受委托的其他行政机关。该法明确规定，行政许可由具有行政许可权的行政机关在其法定职权范围内实施。法律、法规授权的具有管理公共事务职能的组织，在法定授权范围内，以自己的名义实施行政许可。被授权的组织适用行政许可法有关行政机关的规定。行政机关在其法定职权范围内，依照法律、法规、规章的规定，可以委托其他行政机关实施行政许可。委托机关应当将受委托行政机关和受委托实施行政许可的内容予以公告。委托行政机关对受委托行政机关实施行政许可的行为应当负责监督，并对该行为的后果承担法律责任。

（三）行政许可的实施程序

公民、法人或者其他组织从事特定活动，依法需要取得行政许可的，应当向行政机关提出申请。申请人申请行政许可，应当如实向行政机关提交有关材料和反映真实情况，并对其申请材料实质内容的真实性负责。申请人提交的申请材料齐全、符合法定形式，行政机关能够当场作出决定的，应当当场作出书面的行政许可决定。根据法定条件和程序，需要对申请材料的实质内容进行核实的，行政机关应当指派两名以上工作人员进行核查。

（四）行政许可的期限

除可以当场作出行政许可决定的外，行政机关应当自受理行政许可申请之日起二十日内作出行政许可决定。二十日内不能作出决定的，经本行政机关负责人批准，可以延长十日，并应当将延长期限的理由告知申请人。

（五）法律责任

行政机关违法实施行政许可，给当事人的合法权益造成损害的，应当依照国家赔偿法的规定给予赔偿。被许可人存在涂改、倒卖、出租、出借行政许可证件，或者以其他形式非法转让行政许可的；超越行政许可范围进行活动的；向负责监督检查的行政机关隐瞒有关情况、提供虚假材料或者拒绝提供反映其活动情况的真实材料的；法律、法规、规章规定的其他违法行为的，行政机关应当依法给予行政处罚。构成犯罪的，依法追究刑事责任。

二、行政处罚法

行政处罚是行政机关对违反行政管理秩序的公民、法人和其他组织依法予以制裁的法律制度。我国1996年颁布实施的行政处罚法对行政处罚的种类和设定、实施机关、管辖和适用，以及行政处罚的程序、执行及法律责任进行了明确规定，为规范行政处罚的设定和实施，保障和监督行政机关有效实施行政管理，维护公共利益和社会秩序，保护公民、法人或者其他组织合法权益提供了基本的法律依据。这部法律具体规定的内容主要包括：

（一）行政处罚的种类

我国的行政处罚包括：警告；罚款；没收违法所得、没收非法财物；责令停产停业；暂扣或者吊销许可证、暂扣或者吊销执照；行政拘留；法律、行政法规规定的其他行政处罚等。

（二）行政处罚的实施机关

行政处罚由具有行政处罚权的行政机关在法定职权范围内实施。国务院或者经国务院授权的省、自治区、直辖市人民政府可以决定一个行政机关行使有关行政机关的行政处罚权，但限制人身自由的行政处罚权只能由公安机关行使。

（三）行政处罚的管辖

行政处罚由违法行为发生地的县级以上地方人民政府具有行政处罚权的行政机关管辖；对管辖发生争议的，报请共同的上一级行政机关指定管辖；违法行为构成犯罪的，行政机关必须将案件移送司法机关，依法追究刑事责任。

（四）行政处罚的适用

行政机关实施行政处罚时，应当责令当事人改正或者限期改正违法行为。对当事人的同一个违法行为，不得给予两次以上罚款的行政处罚；不满十四周岁的人有违法行为的，不予行政处罚，责令监护人加以管教；已满十四周岁不满十八周岁的人有违法行为的，从轻或者减轻行政处罚；精神病人在不能辨认或者不能控制自己行为时有违法行为的，不予行政处罚，但应当责令其监护人严加看管和治疗。间歇性精神病人在精神正常时有违法行为的，应当给予行政处罚。违法行为在二年内未被发现的，不再给予行政处罚。法律另有规定的除外。

（五）行政处罚程序

行政处罚程序包括简易程序、一般程序。

1. 简易程序

适用于违法事实确凿并有法定依据，对公民处以五十元以下、对法人或者其他组织处以一千元以下罚款或者警告的行政处罚的，可以当场作出行政处罚决定。

2. 一般程序

适用于行政机关发现公民、法人或者其他组织有依法应当给予行政处罚的行为，需要全面、客观、公正调查，收集有关证据或需要依法进行检查的案件。行政机关依法给予行政处罚的，应当制作行政处罚决定书。行政处罚决定书应当载明的事项包括：当事人的姓名或者名称、地址；违反法律、法规或者规章的事实和证据；行政处罚的种类和依据；行政处罚的履行方式和期限；不服行政处罚决定，申请行政复议或者提起行政诉讼的途径和期限；作出行政处罚决定的行政机关名称和作出决定的日期。行政处罚决定书应当在宣告后当场交付当事人；当事人不在场的，行政机关应当在七日内依照民事诉讼法的有关规定，将行政处罚决定书送达当事人。

此外该法还具体规定了行政处罚前的听证程序、行政处罚的执行及法律责任

三、行政强制法

我国法定的行政强制包括行政强制措施和行政强制执行。行政强制措施，是指行政机关在行政管理过程中，为制止违法行为、防止证据损毁、避免危害发生、控制危险扩大等情形，依法对公民的人身自由实施暂时性限制，或者对公民、法人或者其他组织的财物实施暂时性控制的行为。行政强制执行，是指行政机关或者行政机关申请人民法院，对不履行行政决定的公民、法人或者其他组织，依法强制履行义务的行为。2011年颁布实施的行政强制法，规定了行政强制的种类和设定、行政强制措施实施程序、行政机关强制执行程序、申请人民法院强制执行及法律责任，为规范行政强制的设定和实施，保障和监督行政机关依法履行职责，维护公共利益和社会秩序，保护公民、法人和其他组织的合法权益提供了基本的法律依据。这部法律具体规定的内容主要包括：

（一）行政强制的种类和方式

根据该法规定，行政强制措施由法律设定，种类包括限制公民人身自由；查封场所、设施或者财物；扣押财物；冻结存款、汇款；其他行政强制措施等5类。行政强制执行由法律设定，方式包括加处罚款或者滞纳金；划拨存款、汇款；拍卖或者依法处理查封、扣押的场所、设施或者财物；排除妨碍、恢复原状；代履行；其他强制执行方式等。

（二）行政强制措施实施程序

1. 一般规定

行政机关实施行政强制措施的，实施前须向行政机关负责人报告并经批准；由两名以上行政执法人员实施；出示执法身份证件；通知当事人到场；当场告知当事

人采取行政强制措施的理由、依据以及当事人依法享有的权利、救济途径；听取当事人的陈述和申辩；制作现场笔录；现场笔录由当事人和行政执法人员签名或者盖章，当事人拒绝的，在笔录中予以注明；当事人不到场的，邀请见证人到场，由见证人和行政执法人员在现场笔录上签名或者盖章；法律、法规规定的其他程序。情况紧急，需要当场实施行政强制措施的，行政执法人员应当在二十四小时内向行政机关负责人报告，并补办批准手续。

2. 查封、扣押

查封、扣押应当由法律、法规规定的行政机关实施，其他任何行政机关或者组织不得实施。行政机关决定实施查封、扣押的，应当依法制作并当场交付查封、扣押决定书和清单。查封、扣押决定书应当载明当事人的姓名或者名称、地址；查封、扣押的理由、依据和期限；查封、扣押场所、设施或者财物的名称、数量等；申请行政复议或者提起行政诉讼的途径和期限；行政机关的名称、印章和日期。查封、扣押清单一式二份，由当事人和行政机关分别保存。

3. 冻结

冻结存款、汇款应当由法律规定的行政机关实施，不得委托给其他行政机关或者组织；其他任何行政机关或者组织不得冻结存款、汇款。行政机关依照法律规定决定实施冻结存款、汇款的，应当依法履行程序，并向金融机构交付冻结通知书。

此外，该法还具体规定了行政机关强制执行的具体程序及法律责任。

以案释法 06

违法行政决定被撤销

2012年3月，王某收到了国务院行政复议裁决书。裁决书撤销了某省认定他家所在区域征地合法决定的裁决。法学博士王某两年法律维权路，终于看到一线曙光。

2010年底，因老家的房屋在未签署拆迁协议的情况下于凌晨被拆。老屋被强拆当日，王某写了一封给家乡市长的公开信。公开信在网上迅速流传，引起了官方重视。当地政府有关领导特地赶赴王某所在的大学和他沟通，承诺"依法依规，妥善处置此事"。公开信事件后，王某家乡的区长答复王某，称某村村委会答复意见与你本人所提要求差距较大，可能王某不能完全接受，区里支持王某通过法律渠道依法解决。2011年7月15日，王某母亲诉某市住房和城乡建设局不履行查处违法拆迁一案在该市某区人民法院开庭审理。法院认定"非法拆迁"事实不存在，驳回诉讼请求。王某随即上诉，被市中级人民法院驳回。在发起诉讼同时，王某向省政府行政复议办公室提起行政复议，要求省政府确认某区行政行为违法并予以撤销。2011年3月，省行政复议办公室召开听证会，只有王某一方提交相关证据，"政府说他们所有的行为都合法，没必要提交证据"。4月6日，省行政复议办公室下发行政复议决定书，驳回复议请求。随后，王某等人一起，依法向国务院法制办提起行政复议申请。

 释解

拆迁户依法维权，先后通过行政手段和法律途径，终于为实践宪法明文规定的"公民的合法的私有财产不受侵犯。国家依照法律规定保护公民的私有财产权和继承权"迈出了关键的一步。

随着依法治国的不断推进、依法行政的不断深入，我国各级行政机关面临的行政诉讼的争议案件在逐步增多，当被告的几率在逐渐增大，这是一种正常的客观现象。当被告不被动，被动的是工作中存在着没有依法行政的瑕疵。情况表明，各级行政管理部门在工作中比较容易引起争议的，主要集中在行政主体不适格、行政行为越权、规范性文件与上位法相抵触、行政决定失当和行政不作为几个方面。因此，在全面推进依法治国的大背景下，在法律制度不断完备、监督渠道极大畅通的情况下，在公民依法维权意识不断增强的态势下，唯有依法决策、依法办事，努力实现与依法行政相适应的行政管理方式的转变，树立职权法定意识、程序法定意识和权责统一意识，切实提高依法行政的自觉性和工作水平，才能从根本上杜绝此类案件的发生。

第四节　行政监督法

行政权力是国家机关中权力最大、涉及人数最多，对国家和社会的发展最为重要、与人民群众关系最为密切的权力，因此行政监督是国家监督体系中的极为重要的组成部分。行政系统内部的监督，主要有行政系统内的专门监督和上级对下级的层级监督。

在我国，行政系统内的专门监督主要为审计监督和行政监察，并且已经制定了审计法和行政监察法。根据审计法的规定，在政府内部监督范围内，审计主要是对本级政府各部门和下级政府预算的执行情况和决算、预算外资金的管理和使用情况；政府部门管理和社会团体受政府委托管理的社会保障基金、社会捐献资金及其他有关基金、资金的财务收支等进行审计监督。审计部门在行使职权时，拥有要求报送权、检查权、调查权、制止并采取措施权、通报权及处理权等多方面的权限。根据行政监察法的规定，行政监察是监察部门对行政机关及其公务员的行政效能和清正廉洁两方面进行的监督。监察部门在行使监督权时拥有检查、调查权、建议处分权等较为广泛的权力。

层级监督方面，我国目前已建立了行政复议制度、行政诉讼制度和国家赔偿制度。并相应地颁布实施了行政复议法、行政诉讼法和国家赔偿法。其中，行政复议制度是指公民、法人或其他组织认为行政机关的行政行为侵犯其合法权益，向上级行政机关申请复议，由复议机关作出复议决定的制度，既属于上级行政机关对下级行政机关的监督，同时也是公民、法人或其他组织不服下级行政机关的具体行政行为要求复议机关作出公正裁判的一种救济行为。由于行政复议实际上是上级对下级的监督，因此行政复议的范围较为宽泛，在行政复议中，公民、法人或其他组织不仅可以对具体行政行为是否合法，要求进行审查，也可以对该具体行政行为是否合理，要求进行审查。而在行政诉讼中，人民法院对具体行政行为则只能进行合法性审查，除行政处罚外，原则上不作合理性、适当性审查。

一、行政复议法

行政复议是指公民、法人或者其他组织，认为行政机关的具体行政行为侵犯了其合法权益，依法向上级行政机关提出复议申请，上级行政机关依法对该具体行政行为进行合法性、适当性审查，并作出复议决定的行政行为。我国1999年颁布实施的行政复议法，对行政复议机关的职责、行政复议范围、行政复议申请、行政复议受理、行政复议决定和法律责任等作出具体规定。这部法律具体规定的内容主要包括：

（一）行政复议机关的职责

行政复议机关负责法制工作的机构具体办理行政复议事项，履行的职责包括受理行政复议申请；向有关组织和人员调查取证，查阅文件和资料；审查申请行政复议的具体行政行为是否合法与适当，拟订行政复议决定；处理或者转送法律规定的审查申请；依照规定的权限和程序对违法的具体行政行为提出处理建议；办理因不服行政复议决定提起行政诉讼的应诉事项；法律、法规规定的其他职责。行政复议机关履行行政复议职责时，应当遵循合法、公正、公开、及时、便民的原则，坚持有错必纠，保障法律、法规的正确实施。

（二）行政复议范围

公民、法人或者其他组织可以依法申请行政复议的情形包括对行政机关作出的警告、罚款、没收违法所得、没收非法财物、责令停产停业、暂扣或者吊销许可证、暂扣或者吊销执照、行政拘留等行政处罚决定不服的；对行政机关作出的限制人身自由或者查封、扣押、冻结财产等行政强制措施决定不服的；对行政机关作出的有关许可证、执照、资质证、资格证等证书变更、中止、撤销的决定不服的；对行政机关作出的关于确认土地、矿藏、水流、森林、山岭、草原、荒地、滩涂、海域等自然资源的所有权或者使用权的决定不服的；认为行政机关侵犯合法的经营自主权的；认为行政机关变更或者废止农业承包合同，侵犯其合法权益的；认为行政机关违法集资、征收财物、摊派费用或者违法要求履行其他义务的；认为符合法定条件，申请行政机关颁发许可证、执照、资质证、资格证等证书，或者申请行政机关审批、登记有关事项，行政机关没有依法办理的；申请行政机关履行保护人身权利、财产权利、受教育权利的法定职责，行政机关没有依法履行的；申请行政机关依法发放抚恤金、社会保险金或者最低生活保障费，行政机关没有依法发放的；认为行政机关的其他具体行政行为侵犯其合法权益的。

（三）行政复议申请

公民、法人或者其他组织认为具体行政行为侵犯其合法权益的，可以自知道该具体行政行为之日起六十日内提出行政复议申请；但是法律规定的申请期限超过六十日的除外。因不可抗力或者其他正当理由耽误法定申请期限的，申请期限自障碍消除之日起继续计算。同申请行政复议的具体行政行为有利害关系的其他公民、法人或者其他组织，可以作为第三人参加行政复议。公民、法人或者其他组织对行政机关的具体行政行为不服申请行政复议的，作出具体行政行为的行政机关是被申请人。申请人申请行政复议，可以书面申请，也可以口头申请；口头申请的，行政复议机关应当当场记录申请人的基本情况、行政复议请求、申请行政复议的主要事实、理由和时间。

（四）行政复议受理

行政复议机关收到行政复议申请后，应当在五日内进行审查，对不符合本法规定的行政复议申请，决定不予受理，并书面告知申请人；对符合行政复议法规定，但是不属于本机关受理的行政复议申请，应当告知申请人向有关行政复议机关提出。对行政复议决定不服再向人民法院提起行政诉讼的，行政复议机关决定不予受理或者受理后超过行政复议期限不作答复的，公民、法人或者其他组织可以自收到不予受理决定书之日起或者行政复议期满之日起十五日内，依法向人民法院提起行政诉讼。

（五）行政复议决定

行政复议原则上采取书面审查的办法，但是申请人提出要求或者行政复议机关负责法制工作的机构认为有必要时，可以向有关组织和人员调查情况，听取申请人、被申请人和第三人的意见。行政复议机关负责法制工作的机构应当对被申请人作出的具体行政行为进行审查，提出意见，经行政复议机关的负责人同意或者集体讨论通过后，按照具体行政行为认定事实清楚，证据确凿，适用依据正确，程序合法，内容适当的，决定维持；被申请人不履行法定职责的，决定其在一定期限内履行。对存在主要事实不清、证据不足的；适用依据错误的；违反法定程序的；超越或者滥用职权的；具体行政行为明显不当等情形之一的，决定撤销、变更或者确认该具体行政行为违法；决定撤销或者确认该具体行政行为违法的，可以责令被申请人在一定期限内重新作出具体行政行为。

（六）法律责任

行政复议机关违反规定，无正当理由不予受理依法提出的行政复议申请或者不按照规定转送行政复议申请的，或者在法定期限内不作出行政复议决定的，对直接负责的主管人员和其他直接责任人员依法给予警告、记过、记大过的行政处分；经责令受理仍不受理或者不按照规定转送行政复议申请，造成严重后果的，依法给予降级、撤职、开除的行政处分。行政复议机关工作人员在行政复议活动中，徇私舞弊或者有其他渎职、失职行为的，依法给予警告、记过、记大过的行政处分；情节严重的，依法给予降级、撤职、开除的行政处分；构成犯罪的，依法追究刑事责任。被申请人违反规定，不提出书面答复或者不提交作出具体行政行为的证据、依据和其他有关材料，或者阻挠、变相阻挠公民、法人或者其他组织依法申请行政复议的，对直接负责的主管人员和其他直接责任人员依法给予警告、记过、记大过的行政处分；进行报复陷害的，依法给予降级、撤职、开除的行政处分；构成犯罪的，依法追究刑事责任。行政复议机关受理行政复议申请，由本级财政予以保障，不得向申请人收取任何费用。

二、行政诉讼法

行政诉讼是指公民、法人或者其他组织认为行政机关和行政机关工作人员的行政行为侵犯其合法权益，依法向人民法院提起的诉讼。为保证人民法院公正、及时审理行政案件，解决行政争议，保护公民、法人和其他组织的合法权益，监督行政机关依法行使行政职权，我国于1989年制定、2014年修订了行政诉讼法，对行政诉讼的受案范围、管辖、诉讼参加人、证据、起诉和受理、审理和判决、审判监督程序、执行及涉外行政诉讼等作了相应规定，具体确立了行政行为合法与违法的标准，对协调行政机关与公民的关系，保护公民合法权益，督促行政机关依法行政，维护社会稳定发挥了重要作用。这部法律具体规定的内容主要包括：

（一）受案范围

行政诉讼受案范围包括，对行政拘留、暂扣或者吊销许可证和执照、责令停产停业、没收违法所得、没收非法财物、罚款、警告等行政处罚不服的；对限制人身自由或者对财产的查封、扣押、冻结等行政强制措施和行政强制执行不服的；申请行政许可，行政机关拒绝或者在法定期限内不予答复，或者对行政机关作出的有关行政许可的其他决定不服的；对行政机关作出的关于确认土地、矿藏、水流、森林、山岭、草原、荒地、滩涂、海域等自然资源的所有权或者使用权的决定不服的；对征收、征用决定及其补偿决定不服的；申请行政机关履行保护人身权、财产权等合法权益的法定职责，行政机关拒绝履行或者不予答复的；认为行政机关侵犯其经营自主权或者农村土地承包经营权、农村土地经营权的；认为行政机关滥用行政权力排除或者限制竞争的；认为行政机关违法集资、摊派费用或者违法要求履行其他义务的；认为行政机关没有依法支付抚恤金、最低生活保障待遇或者社会保险待遇的；认为行政机关不依法履行、未按照约定履行或者违法变更、解除政府特许经营协议、土地房屋征收补偿协议等协议的；认为行政机关侵犯其他人身权、财产权等合法权益的。

（二）管辖

基层人民法院管辖第一审行政案件。中级人民法院管辖的一审行政案件包括：对国务院部门或者县级以上地方人民政府所作的行政行为提起诉讼的案件；海关处理的案件；本辖区内重大、复杂的案件；其他法律规定由中级人民法院管辖的案件。高级人民法院管辖本辖区内重大、复杂的一审行政案件。最高人民法院管辖全国范围内重大、复杂的一审行政案件。经最高人民法院批准，高级人民法院可以根据审判工作的实际情况，确定若干人民法院跨行政区域管辖行政案件。

（三）诉讼参加人

行政行为的相对人以及其他与行政行为有利害关系的公民、法人或者其他组织，有权提起诉讼。公民、法人或者其他组织直接向人民法院提起诉讼的，作出行政行为的行政机关是被告。经复议的案件，复议机关决定维持原行政行为的，作出原行政行为的行政机关和复议机关是共同被告；复议机关改变原行政行为的，复议机关是被告。复议机关在法定期限内未作出复议决定，公民、法人或者其他组织起诉原行政行为的，作出原行政行为的行政机关是被告；起诉复议机关不作为的，复议机关是被告。两个以上行政机关作出同一行政行为的，共同作出行政行为的行政机关是共同被告。行政机关委托的组织所作的行政行为，委托的行政机关是被告。行政机关被撤销或者职权变更的，继续行使其职权的行政机关是被告。

（四）证据

经法庭审查属实，可作为认定案件事实的行政诉讼证据包括：书证；物证；视听资料；电子数据；证人证言；当事人的陈述；鉴定意见；勘验笔录、现场笔录。被告对作出的行政行为负有举证责任，应当提供作出该行政行为的证据和所依据的规范性文件。原告可以提供证明行政行为违法的证据。原告提供的证据不成立的，不免除被告的举证责任。对由国家机关保存而须由人民法院调取的证据；涉及国家秘密、商业秘密和个人隐私的证据；确因客观原因不能自行收集的其他证据，原告或者第三人不能自行收集的，可以申请人民法院调取。

（五）起诉和受理

公民、法人或者其他组织不服复议决定的，可以在收到复议决定书之日起十五日内向人民法院提起诉讼。复议机关逾期不作决定的，申请人可以在复议期满之日起十五日内向人民法院提起诉讼，法律另有规定的除外。公民、法人或者其他组织直接向人民法院提起诉讼的，应当自知道或者应当知道作出行政行为之日起六个月内提出。法律另有规定的除外。因不动产提起诉讼的案件自行政行为作出之日起超过二十年，其他案件自行政行为作出之日起超过五年提起诉讼的，人民法院不予受理。公民、法人或者其他组织申请行政机关履行保护其人身权、财产权等合法权益的法定职责，行政机关在接到申请之日起两个月内不履行的，公民、法人或者其他组织可以向人民法院提起诉讼。对人民法院既不立案，又不作出不予立案裁定的，当事人可以向上一级人民法院起诉。上一级人民法院认为符合起诉条件的，应当立案、审理，也可以指定其他下级人民法院立案、审理。

（六）审理和判决

1. 一审普通程序

人民法院应当在立案之日起五日内，将起诉状副本发送被告。被告应当在收到起诉状副本之日起十五日内向人民法院提交作出行政行为的证据和所依据的规范性文件，并提出答辩状。人民法院应当在立案之日起六个月内作出第一审判决。有特殊情况需要延长的，由高级人民法院批准，高级人民法院审理第一审案件需要延长的，由最高人民法院批准。

2. 简易程序

对被诉行政行为是依法当场作出的；案件涉及款额二千元以下的；属于政府信息公开案件的，或当事人各方同意适用简易程序的，人民法院审理时可以适用简易程序。适用简易程序审理的行政案件，由审判员一人独任审理，并应当在立案之日起四十五日内审结。

3. 二审程序

当事人不服人民法院一审判决的，有权在判决书送达之日起十五日内向上一级人民法院提起上诉。当事人不服人民法院一审裁定的，有权在裁定书送达之日起十日内向上一级人民法院提起上诉。逾期不提起上诉的，人民法院的一审判决或者裁定发生法律效力。人民法院审理上诉案件，应当在收到上诉状之日起三个月内作出终审判决。有特殊情况需要延长的，由高级人民法院批准，高级人民法院审理上诉案件需要延长的，由最高人民法院批准。原审人民法院对发回重审的案件作出判决后，当事人提起上诉的，二审人民法院不得再次发回重审。

（七）审判监督程序

当事人对已经发生法律效力的判决、裁定，认为确有错误的，可以向上一级人民法院申请再审，但判决、裁定不停止执行。对属于不予立案或者驳回起诉确有错误的；有新的证据，足以推翻原判决、裁定的；原判决、裁定认定事实的主要证据不足、未经质证或者系伪造的；原判决、裁定适用法律、法规确有错误的；违反法律规定的诉讼程序，可能影响公正审判的；原判决、裁定遗漏诉讼请求的；据以作出原判决、裁定的法律文书被撤销或者变更的；审判人员在审理该案件时有贪污受贿、徇私舞弊、枉法裁判行为的案件，当事人提出申请的，人民法院应当再审。

（八）执行

当事人必须履行人民法院发生法律效力的判决、裁定、调解书。公民、法人或者其他组织拒绝履行判决、裁定、调解书的，行政机关或者第三人可以向一审人民法院申请强制执行，或者由行政机关依法强制执行。行政机关拒绝履行判决、裁定、调解书的，一审人民法院可以对应当归还的罚款或者应当给付的款额，通知银行从该行政机关的账户内划拨；在规定期限内不履行的，从期满之日起，对该行政机关负责人按日处五十元至一百元的罚款；将行政机关拒绝履行的情况予以公告；向监察机关或者该行政机关的上一级行政机关提出司法建议。对拒不履行判决、裁定、调解书，社会影响恶劣的，可以对该行政机关直接负责的主管人员和其他直接责任人员予以拘留；情节严重，构成犯罪的，依法追究刑事责任。行政机关或者行政机关工作人员作出的行政行为侵犯公民、法人或者其他组织的合法权益造成损害的，由该行政机关或者该行政机关工作人员所在的行政机关负责赔偿。行政机关赔偿损失后，应当责令有故意或者重大过失的行政机关工作人员承担部分或者全部赔偿费用。

三、国家赔偿法

国家赔偿以监督行政机关的行政行为是否合法为主要任务。以违法为赔偿前提的归责原则，事实行为造成损害的赔偿责任等赔偿制度的建立，进一步强化了对行政机关依法行政的监督力度。我国于1994年制定，2010年、2012年修订的国家赔偿法，明确了行政赔偿的范围、赔偿请求人和赔偿义务机关、赔偿的程序及赔偿方式和计算标准，为保障公民、法人和其他组织享有依法取得国家赔偿的权利，促进国家机关依法行使职权，提供了基本的法律依据。这部法律就行政赔偿所具体规定的内容主要包括：

（一）行政赔偿的范围

行政机关及其工作人员在行使行政职权时，如存在违法拘留或者违法采取限制公民人身自由的行政强制措施的；非法拘禁或者以其他方法非法剥夺公民人身自由的；以殴打、虐待等行为或者唆使、放纵他人以殴打、虐待等行为造成公民身体伤害或者死亡的；违法使用武器、警械造成公民身体伤害或者死亡的；造成公民身体伤害或者死亡的其他违法行为的，受害人有取得赔偿的权利。行政机关及其工作人员在行使行政职权时，如存在违法实施罚款、吊销许可证和执照、责令停产停业、没收财物等行政处罚的；违法对财产采取查封、扣押、冻结等行政强制措施的；违法征收、征用财产的；造成财产损害的其他违法行为的，受害人有取得赔偿的权利。如属于行政机关工作人员与行使职权无关的个人行为；因公民、法人和其他组织自己的行为致使损害发生的；法律规定的其他情形的，国家不承担赔偿责任。

（二）赔偿请求人和赔偿义务机关

受害的公民、法人和其他组织有权要求赔偿；受害的公民死亡，其继承人和其他有扶养关系的亲属有权要求赔偿；受害的法人或者其他组织终止的，其权利承受人有权要求赔偿。行政机关及其工作人员行使行政职权侵犯公民、法人和其他组织的合法权益造成损害的，该行政机关为赔偿义务机关；两个以上行政机关共同行使行政职权时侵犯公民、法人和其他组织的合法权益造成损害的，共同行使行政职权的行政机关为共同赔偿义务机关；法律、法规授权的组织在行使授予的行政权力时侵犯公民、法人和其他组织的合法权益造成损害的，被授权的组织为赔偿义务机关；受行政机关委托的组织或者个人在行使受委托的行政权力时侵犯公民、法人和其他组织的合法权益造成损害的，委托的行政机关为赔偿义务机关。赔偿义务机关被撤销的，继续行使其职权的行政机关为赔偿义务机关。没有继续行使其职权的行政机关的，撤销该赔偿义务机关的行政机关为赔偿义务机关。

（三）赔偿程序

赔偿请求人要求赔偿，应当先向赔偿义务机关提出，也可以在申请行政复议或者提起行政诉讼时一并提出；赔偿请求人可以向共同赔偿义务机关中的任何一个赔偿义务机关要求赔偿，该赔偿义务机关应当先予赔偿；赔偿请求人根据受到的不同损害，可以同时提出数项赔偿要求。赔偿义务机关应当自收到申请之日起两个月内，作出是否赔偿的决定。赔偿义务机关决定赔偿的，应当制作赔偿决定书，并自作出决定之日起十日内送达赔偿请求人。赔偿义务机关决定不予赔偿的，应当自作出决定之日起十日内书面通知赔偿请求人，并说明不予赔偿的理由。对赔偿作出赔偿或者不予赔偿决定有异议的，赔偿请求人可在三个月内向人民法院提起诉讼。

（四）赔偿方式和计算标准

国家赔偿以支付赔偿金为主要方式。能够返还财产或者恢复原状的，予以返还财产或者恢复原状。侵犯公民人身自由的，每日赔偿金按照国家上年度职工日平均工资计算。

行政不作为被判败诉

2014年10月16日，李某向河南省某市国土资源局（以下简称市国土局）书面提出申请，请求该局依法查处其所在村的耕地被有关工程项目违法强行占用的行为，并向该局寄送了申请书。市国土局收到申请后，没有受理、立案、处理，也未告知李某，李某遂以市国土局不履行法定职责为由诉至法院，请求确认被告不履行法定职责的行政行为违法，并要求被告对该村土地被强占的违法行为进行查处。

该市某区人民法院一审认为，土地管理部门对上级交办、其他部门移送和群众举报的土地违法案件，应当受理。土地管理部门受理土地违法案件后，应当进行审查，凡符合立案条件的，应当及时立案查处；不符合立案条件的，应当告知交办、移送案件的单位或者举报人。本案原告向被告市国土局提出查处违法占地申请后，被告应当受理，被告既没有受理，也没有告知原告是否立案，故原告要求确认被告不履行法定职责违法，并限期履行法定职责的请求，有事实根据和法律依据，本院予以支持。遂判决：一、确认被告对原告要求查处违法占地申请未予受理的行为违法。二、限被告于本判决生效之日起按国土资源行政处罚办法的规定履行法定职责。

市国土局不服，提出上诉。该市中级人民法院二审认为，根据国土资源行政处罚办法规定，县级以上国土资源主管部门"应当依法立案查处，无正当理由未依法立案查处的"，应当承担相应责任。上诉人市国土局未及时将审查结果告知申请人，上诉人的行为未完全履行工作职责，违反了国土资源行政处罚办法第四十五条的相关规定。二审判决驳回上诉，维持原判。

 释解

及时处理群众举报、切实履行查处违法占地相关法定职责，回应群众关切、保障土地资源的合法利用是有关土地管理部门的应尽职责。土地资源稀缺、人多地少的现状决定了我国必须实行最严格的土地管理制度，但长期以来土地资源浪费严重，违法违规用地现象普遍，这其中既有土地管理保护不力的原因，也有人民群众难以有效参与保护的因素。公众参与是及时发现和纠正土地违法行为的重要渠道，也是确保落实最严格的土地管理制度的有效手段。依法受理并及时查处人民群众对违法用地行为的举报，是土地管理部门的权力更是义务。对于在处理土地违法案件中，发现违法案件不属于本部门管辖的，也应及时做好相应的案件移送工作。国土资源行政处罚办法第十条明确规定："国土资源主管部门发现违法案件不属本部门管辖的，应当移送有管辖权的国土资源主管部门或者其他部门。"

第四章

我国粮食法律制度

近年来，粮食问题层出不穷，为促进粮食生产，维护粮食流通秩序，保障粮食有效供给，保持粮食产业可持续发展，保障国家粮食安全，建立粮食法理应被提上日程。纵观我国粮食法律制度的发展，在国内粮食领域，尚无一部完整的法律进行约束，现行粮食管理是依据《粮食流通管理条例》而进行，就法律地位而言，并未上升到"法治"高度。2012年2月21日，国务院法制办公室公布《粮食法（征求意见稿）》，向社会各界征求意见。2014年11月21日，国务院法制办公室发布关于《粮食法（送审稿）》公开征求意见的通知。目前，《粮食法》的立法工作仍在进行中。

第一节 我国粮食法律制度的历史沿革

新中国成立60多年来，随着经济的迅猛发展，我国在物质生活上逐渐摆脱贫困，基本解决了温饱问题，并逐步走向富裕。纵观粮食的发展历史，我国的法律制度也随之发生了巨大的变化。

我国政府高度重视粮食问题，始终把解决人民的吃饭问题当作头等大事，新中国成立以来，采取了一系列强有力的政策和措施，促进粮食生产和流通的协调发展。随着社会主义市场经济的不断完善，党中央、国务院在深化粮食流通体制改革过程中，进一步加快了粮食法制建设，力图通过加强粮食立法力度，建立健全粮食法律体系，把粮食工作纳入法制化轨道。与其他领域一样，粮食法律制度建设经历了漫长的过程，主要表现在两个时期：

一、新中国成立初期的粮食法律制度

新中国成立初期，为了巩固各级人民政权，恢复和发展遭受战争破坏的粮食生产，党和政府着重立法变革和调整生产关系，调动农民的种粮积极性。1949年9月通过的《中国人民政治协商会议共同纲领》，对土地改革、保护农民经济利益和私有财产、保护农民已得的土地所有权、实现耕者有其田等作了明确的规定。1950年6月，中央人民政府在新解放区颁布了《中华人民共和国土地改革法》，从法律上保证了土地改革这场翻天覆地的农村生产关系的大变革有步骤、有规则、有秩序地进行。1954年9月，一届全国人大一次会议通过《中华人民共和国宪法》，进一步明确"国家依照法律保护农民的土地所有权和其他生产资料所有权"，农民的生产积极性极大地提高。

在粮食流通方面，1950年3月，政务院作出《关于统一国家财经经济工作的决定》，统一管理和调度公粮，建立中央统管的粮食财务体制。国营粮食商业企业自由购销，并在流通中逐步发挥主导作用。随着国家大规模经济建设的展开，粮食需求量日益增加，供求矛盾日益尖锐。1953年10月，中共中央作出《关于实行粮食的计划收购与计划供应的决议》，之后几年，政务院颁发《粮食市场管理暂行办法》《关于实行粮食的计划收购和计划供应的命令》《关于市镇粮食定量供应暂行办法的命令》等一系列行政法规和规范性文件，全国范围内开始实行粮油统购统销，国家严格控制粮食市场，农村实行粮食计划收购，城市实行粮食计划供应。根据宪法和全国人大的授权，各省、自治区、直辖市相继出台了一些地方性法规、政府规章或规范性文件，进一步落实中央的粮食流通政策。粮食部、财政部等行政管理部门也相应制定了一些部门规章或规范性文件，对粮食统计、财务等方面作了相应规定。但是，在之后的较长一段时间，党和政府的粮食方针政策没有通过法定程序上升为法律，粮食领域几乎没有制定过新的法律法规。

可以说，这一阶段的前期，国家比较重视粮食领域的法制建设工作，针对当时的实际问题立法，法律语言通俗易懂，但发布形式、章节体例等不太规范，基本上没有设定法律责任，法律的施行主要依靠党和政府的政策。但在当时特定的历史条件下，为调整农村生产关系，促进粮食生产，保证城镇居民粮食供应，促进社会主义经济建设发挥了积极的作用。后期，由于受长期计划经济的影响，粮食统购统销政策一直延续下来。国家控制了粮食生产、收购、储运、加工、销售全过程，仅通过行政命令和指令性计划就可以实现政策调整，造成粮食法制建设停滞不前。

二、改革开放后的粮食法律制度

党的十一届三中全会以后，党和国家出台了一系列加快农业发展、加强和完善农业生产责任制、发展农村多种经营的政策措施，促进农村经济的发展。特别是推行家庭联产承包责任制，有效调动了农民粮食生产积极性。同时，在粮食流通领域也逐步开始市场化的尝试。首先恢复了粮食集市贸易。1985年1月，党中央、国务院发布《关于进一步活跃农村经济的十项政策》，决定从当年起取消粮食统购，改为合同定购。定购粮以外的粮食全部实行自由购销。非国有粮食经济逐步壮大，市场份额不断增加。20世纪90年代，随着市场经济建设步伐的加快，粮食流通市场化改革的进程也逐步加快。1992年至1993年，全面放开粮食经营；2001年起，党中央、国务院在浙江、广东等8省（市）全面实行粮食购销市场化改革；2004年，在全国全面实行粮食购销市场化。

在粮食经济政策调整的同时，党和国家在运用法律手段保护和促进粮食生产和流通发展方面取得了一些成绩：

第一，为保障农业在国民经济中的基础地位，发展农村社会主义市场经济，维护农业生产经营组织和农业劳动者的合法权益，2002年修订后的《中华人民共和国农业法》增加了"粮食安全"的内容，对基本农田保护制度、产销区购销合作制度、保护价制度、粮食安全预警制度、粮食储备和风险基金制度作了相应的规定。

第二，为规范粮食流通和市场交易行为，国务院于1998年出台《粮食收购条例》《粮食购销违法行为处罚办法》两部行政法规；为严格中央储备粮管理，2003年，国务院颁布了《中央储备粮管理条例》；2004年，国务院根据粮食购销市场化的新形势，颁布《粮食流通管理条例》，基本确立了国家宏观调控下，发挥市场机制在粮食资源配置中的基础性作用的粮食流通模式；2009年，为了规范粮油仓储单位的粮油仓储活动，维护粮食流通秩序，保障国家粮食安全，国家发展和改革委员会主任办公会议讨论通过了《粮油仓储管理办法》；北京、天津、广东、四川等省（自治区、直辖市）以人民政府令的形式颁布了一些规范粮食经营行为和地方储备粮管理的地方性法规。国家还制定了一些涉及粮食问题的法律法规，如《基本农田保护条例》《中华人民共和国农业技术推广法》《中华人民共和国种子法》等。

此外，中央和地方各级粮食行政管理部门也建章立制，对粮食行政管理的各项工作制定内部规章，加强制度建设和制度管理，推进政府粮食宏观调控的规范化、制度化。

经过30多年的努力，我国粮食法制建设取得了较大进展，对促进粮食生产和流通的协调发展，保护粮食生产者、经营者和消费者的合法权益，保障国家粮食安全发挥了积极作用。但是，我国粮食法制建设，同建设社会主义法治国家的战略和确保国家粮食安全的客观要求相比，还存在着一定的差距。

偷盗粮食的行为将涉嫌刑事犯罪

2011年8月12日，高某与刘某预谋盗窃，并商量好盗窃薛某家粮食。当晚，高某驾驶自己的农用三轮车载着刘某到薛某家，二人将其房内的玉米、荞麦等粮食装在三轮车上拉走，次日将粮食卖给吕某的粮食收购站，得赃款6980元。经该县价格认证中心鉴定，被盗粮食价值人民币6644.70元。

2011年10月11日，高某和姚某、张某在张某家中打麻将时，高某提出盗窃强某家粮食，姚某、张某同意了。当晚高某驾驶自己的农用三轮车载着姚某、张某到强某家，三人将其窑内的玉米、荞麦等粮食，耕犁、电视等生产、生活用品装在三轮上拉走，次日在吕某的粮食收购站卖粮时被查获。经该县价格认证中心鉴定，被盗粮食、生产生活用品价值人民币6334.80元。

我国刑法第二百六十四条规定，盗窃公私财物，数额较大的，或者多次盗窃、入户盗窃、携带凶器盗窃、扒窃的，处三年以下有期徒刑、拘役或者管制，并处或者单处罚金；数额巨大或者有其他严重情节的，处三年以上十年以下有期徒刑，并处罚金；数额特别巨大或者有其他特别严重情节的，处十年以上有期徒刑或者无期徒刑，并处罚金或者没收财产。其中，对于多次和数额巨大的认定，根据《最高人民法院、最高人民检察院关于办理盗窃刑事案件适用法律若干问题的解释》第一条规定，盗窃公私财物价值一千元至三千元以上、三万元至十万元以上、三十万元至五十万元以上的，应当分别认定为刑法第二百六十四条规定的"数额较大""数额巨大""数额特别巨大"。各省、自治区、直辖市高级人民法院、人民检察院可以根据本地区经济发展状况，并考虑社会治安状况，在上述规定的数额幅度内，确定本地区执行的具体数额标准，报最高人民法院、最高人民检察院批准。第三条规定，二年内盗窃三次以上的，应当认定为"多次盗窃"。

本案中，高某先后与刘某、姚某、张某预谋盗窃薛某、强某的粮食，属于以非法占有为目的，伙同他人秘密窃取他人财物。其中盗窃作案两次，不构成多次盗窃的条件。而盗窃粮食等财物总价值人民币12979.5元，其性质已经属于数额巨大，因此，高某偷盗粮食的行为已构成盗窃罪。如果在庭审中，高某认罪态度较好，并将所盗粮食及生活用品全部返还失主，有悔罪表现，对其行为可酌情从轻处罚。

据此，法院判决高某犯盗窃罪，判处有期徒刑三年，并处罚金5000元，并将作案工具铁棍一根依法予以没收。

以案释法 09

村委会人员利用职务便利骗取国家粮食补贴

2005年，国家在对耕地粮食补贴进行核查中确定某镇村委享受国家粮食补贴的耕地面积为6542.1亩，比该村实有耕地多出202亩。得知该情况后，该村村委会人员张某和李某等人合谋，以采取虚报享受补贴人员及补贴数额的手段，骗取国家粮食补贴资金。而后，由李某登记造册，将多出的202亩分组到人。因按国家规定财政部门将粮食补贴款直接发放给村民，该村委在2005年、2006年领取的虚报粮食补贴款总计7926.20元全部由在册村民领取，虚报的粮食补贴款村民们均拒绝退交村委。被告人张某、李某伙同王某等人预谋将虚报享受补贴人员改为自己的亲属，所领取的补贴款均归个人所有。自2007年至2009年，被告人张某以其妻陈某、弟媳李某的名义虚报耕地22亩，骗取粮食补贴款4502.1元；被告人李某以其妻刘某的名义虚报耕地30亩，骗取粮食补贴款6141.3元；王某以其妻胡某、母亲曲某的名义虚报耕地53亩，骗取粮食补贴款10849.53元。自2005年至2009年，该村委共骗取国家粮食补贴款49282.75元，其中张某骗取6547.2元、李某骗取6141.3元、王某骗取12119元，均归个人所有。2010年1月4日，张某、李某分别向其所在县人民检察院退交赃款8479元、6100元。

释解

我国刑法第三百八十二条规定，国家工作人员利用职务上的便利，侵吞、窃取、骗取或者以其他手段非法占有公共财物的，是贪污罪。受国家机关、国有公司、企业、事业单位、人民团体委托管理、经营国有财产的人员，利用职务上的便利，侵吞、窃取、骗取或者以其他手段非法占有国有财物的，以贪污论。与上述所列人员勾结，伙同贪污的，以共犯论处。

刑法第三百八十三条规定，对犯贪污罪的，根据情节轻重，分别依照下列规定处罚：（一）贪污数额较大或者有其他较重情节的，处三年以下有期徒刑或者拘役，并处罚金；（二）贪污数额巨大或者有其他严重情节的，处三年以上十年以下有期徒刑，并处罚金或者没收财产；（三）贪污数额特别巨大或者有其他特别严重情节的，处十年以上有期徒刑或者无期徒刑，并处罚金或者没收财产，数额特别巨大，并使国家和人民利益遭受特别重大损失的，处无期徒刑或者死刑，并处没收财产。

犯上述罪行，在提起公诉前如实供述自己罪行、真诚悔罪、积极退赃，避免、减少损害结果的发生，有第（一）项规定情形的，可以从轻、减轻或者免除处罚；有第（二）项、第（三）项规定情形的，可以从轻处罚。有第（三）项规定情形被判处死刑缓期执行的，人民法院根据犯罪情节等情况可以同时决定在其死刑缓期执行二年期满依法减为无期徒刑后，终身监禁，不得减刑、假释。

本案中，张某、李某身为村民委员会人员，在协助乡政府从事国有土地管理的过程中，利用职务上的便利，采取虚报骗取的方法，非法占有公共财物，数额较大，属于刑法第三百八十二条规定的贪污罪。张某、李某认罪态度较好，能积极退交赃款，有悔罪表现，在共同犯罪中均系从犯，应当从轻处罚。

因此，法院判决张某、李某犯贪污罪，各判处有期徒刑一年缓刑一年。对赃款14579元人民币则由该县人民检察院追缴并上缴国库。

第二节 我国粮食法律制度的现状

粮食是我国政治安定、经济繁荣的根本保障，它的生产、流通、储备、消费等贯穿于我国发展的始终。目前，我国粮食法律法规分散地存在于相关的规范性法律文件之中，并未形成系统的粮食法律制度。为了促进粮食生产，维护粮食流通秩序，保障国家粮食安全，国家发展改革委、国家粮食局会同有关部门在调查研究的基础上，起草了《粮食法（征求意见稿）》，为我国粮食法制建设提供有益帮助。

一、粮食安全法律现状

我国目前在粮食安全、生产等方面出台了一系列能够直接或间接的在一定程度上保障我国粮食安全的法律、法规与规章。

（一）《中华人民共和国国家安全法》

2015年7月1日十二届全国人大常委会十五次会议，新国家安全法正式通过并实施。国家安全法共七章八十四条，其中第二十二条规定，国家健全粮食安全保障体系，保护和提高粮食综合生产能力，完善粮食储备制度、流通体系和市场调控机制，健全粮食安全预警制度，保障粮食供给和质量安全。粮食安全被上升到国家安全的战略定位，可见粮食安全将是国家安全的一个非常重要的方面。

（二）《中华人民共和国农业法》

1993年7月2日八届全国人大常委会二次会议通过农业法，2002年12月28日九届全国人大常委会三十一次会议修订，增加了第五章，该章专门规定了粮食安全。这是我国第一次以法律的形式保障粮食安全，在法律中第一次正式提出了粮食安全的概念。该章以六个条文规定了国家保护和提高粮食综合生产能力、重点扶持粮食主产区、部分粮食品种保护价制度、建立粮食安全预警制度及粮食风险基金制度、基本农田特殊保护制度、粮食主销区构建稳定的购销合作关系支持制度、中央和地方分级储备调节制度等各项制度。这些关于粮食安全的规定对于制定粮食安全方面的行政法规、地方性法规、政府规章皆具有指导作用。

（三）农业法、种子法、水土保持法等法律规范

由于粮食安全是农业的基础，因此大量的涉农法律法规事实上都起到了保障粮食安全的作用。这些涉农法律规范对于种子质量、农田灌溉、农业机械化、农业技术、耕地、水资源等粮食安全的各种要素的保护发挥了重要作用，促进了粮食安全，是保障国家粮食安全的前提和基础。这些散见于各个涉农法律中的保障粮食安全的法律规范共同构建了粮食安全领域的法律制度。

二、粮食生产法律现状

粮食生产环节的法律法规虽然较为分散，但是它们关于维护粮食安全的相关规定和精神，却成为构建粮食安全法体系的重要法源。

（一）《中华人民共和国安全生产法》

2002年6月29日九届全国人大常委会二十八次会议通过安全生产法，2009年8月27日十一届全国人大常委会十次会议《关于修改部分法律的决定》第一次修正，2014年8月31日十二届全国人大常委会十次会议《关于修改〈中华人民共和国安全生产法〉的决定》第二次修正，于2014年12月1日开始实施。

安全生产法建立完善了安全生产方针和工作机制，确立了"安全第一、预防为主、综合治理"的安全生产工作"十二字方针"，明确了安全生产的重要地位、主体任务和实现安全生产的根本途径。明确要求建立生产经营单位负责、职工参与、政府监管、行业自律、社会监督的机制，进一步明确各方安全生产职责。建立事故预防和应急救援的制度，建立安全生产标准化制度，推进安全生产责任保险制度，加大对安全生产违法行为的责任追究力度，为我国粮食安全生产提供了有效的法律依据，并进一步完善了我国粮食法律体系。

（二）《中华人民共和国土地管理法》

耕地是农业的基本生产资料，粮食生产的基础就在于有一定数量和质量的耕地。国家以采取世界上最严格的土地管理特别是耕地保护措施，实现耕地总量动态平衡为原则修订了土地管理法，全面规范了土地的所有权和使用权、土地利用总体规划、耕地保护、建设用地等内容，使粮食生产用地有了法律保障。

依据农业法和土地管理法，国务院制定了《基本农田保护条例》，以行政法规的形式给予基本农田特殊保护。在耕地质量保护方面，中央层面尚未出台专门的法律法规，但地方已经开展了旨在保护耕地质量的立法。黑龙江、吉林、内蒙古、江苏、湖北等地出台了《耕地质量保护条例》《耕地质量管理条例》《耕地保养条例》等地方性法规，陕西、河南、天津、浙江、甘肃等省市出台了《耕地质量管理办法》《耕地质量保护办法》。地方有关耕地的立法，对于保护和提升耕地质量发挥了积极作用，为中央立法积累了实践经验，对粮食法律体系的发展起到了很大的促进作用。

（三）其他法律法规

农谚说："有水无肥一半谷，有肥无水望天哭。"我国1988年出台的《中华人民共和国水法》为我国粮食生产环节的规范用水提供了法律保障。2016年7月2日十二届全国人大常委会二十一次会议通过的《全国人民代表大会常务委员会关于修改〈中华人民共和国节约能源法〉等六部法律的决定》对水法进行了修改。

我国在粮食生产环节的法律还有《中华人民共和国种子法》，行政法规主要有《中华人民共和国植物新品种保护条例》《农业转基因生物安全管理条例》，部门规章主要有《农业科技开发工作管理办法》《主要农作物范围规定》等。

为防止外来因素威胁我国粮食安全，国家还出台了《中西部地区外商投资优势产业目录》等部门规章，限制外部因素在粮食领域的投资活动。

三、粮食流通、储存法律现状

（一）《粮食流通管理条例》

2004年5月26日国务院发布实施了《粮食流通管理条例》，该条例赋予了粮食行政部门行政执法权，加大了对粮食流通领域的管理力度，2013年7月18日《国务院关于废止和修改部分行政法规的决定》对其进行修订，把粮食收购资格的"前置许可审批"改为"后置许可审批"；把粮食收购活动中的监管执法主体由"工商行政管理部门"改为"粮食行政管理部门"，强化了监管部门在行政审批项目取消调整以后对从事有关活动的监管。2016年2月6日《国务院关于修改部分行政法规的决定》第二次修订。修订前的《粮食流通管理条例》第四十一条规定，未经粮食行政管理部门许可或者未在工商行政管理部门登记擅自从事粮食收购活动的，由工商行政管理部门没收非法收购的粮食；情节严重的，并处非法收购粮食价值一倍以上五倍以下的罚款；构成犯罪的，依法追究刑事责任。由粮食行政管理部门查出的，移交工商行政管理部门按照前款规定予以处罚。此条修改为第四十条："未经粮食行政管理部门许可擅自从事粮食收购活动的，由粮食行政管理部门没收非法收购的粮食；情节严重的，并处非法收购粮食价值一倍以上五倍以下的罚款；构成犯罪的，依法追究刑事责任。"从整体上明确了粮食宏观调控手段和应急机制，强化了粮食流通管理各个环节中的监督检查制度，规定了严格而具体的法律责任。

此外，在粮食流通过程中，若出现粮食的市场购买价格过低情况，政府可以依据《中华人民共和国价格法》实行保护价格。

保证粮食流通的部门规章主要有《外商投资商业领域管理办法》《加强海运散装出口粮食、饲料计重工作暂行规定》等。

（二）《中央储备粮管理条例》

2003年8月15日国务院发布实施了《中央储备粮管理条例》，对中央储备粮的计划、储存、动用、监督检查以及相应的法律责任都作了明确的规定，使中央储备粮能真正发挥调节全国粮食供求总量、稳定粮食市场、应对重大自然灾害或其他突发事件等作用。2011年1月8日《国务院关于废止和修改部分行政法规的决定》对其进行了修订，将第五十七条中引用的"治安管理处罚条例"修改为"治安管理处罚法"；将第五十八条修改为："本条例规定的对国家机关工作人员的行政处分，依照《中华人民共和国公务员法》的规定执行；对中国储备粮管理总公司及其分支机构、承储企业、中国农业发展银行工作人员的纪律处分，依照国家有关规定执行。"2016年2月6日《国务院关于修改部分行政法规的决定》对其进行第二次修订，由此，进一步完善了该条例。

（三）配套的部门规章

与上述两个条例相配套的《粮食收购资格审核管理暂行办法》《粮食流通监督检查暂行办法》《粮食质量监管实施办法（试行）》等部门规章的颁布实施，更是进一步增强了粮食流通、储备方面行政法规的可操作性，进一步促进了粮食生产法律保障。

 以案释法 10

拆除旧粮库方法不当造成人员损伤安全事故

2008年5月23日8时20分，某县粮管所在拆除一座可储粮150万公斤已报废的拱形旧粮库时，因方法不当发生倒塌，造成10人死亡，3人受伤。该粮库建于1960年8月，库长约35米，宽20.85米，高4.8米，为五跨连拱砖混土坯结构。由于粮库屋面漏雨，墙面风化，无法储粮，该省商业厅批准该库报废。2008年5月，该县村民李某承包了该粮库的拆除工作，并于2008年5月21日正式开工。5月23日上午，李某将当日的工作交给本队负责施工技术的汪某、管理安全的郭某，并对拆除工作作了简单安排。随后，汪某、郭某带领农民工22人进入拆除工地，安排了具体干法，即将20人分派到粮库屋顶。其中16人拆拱顶连接的隔墙，3人从南向北撕卷屋顶的油毛毡，1人留在地面临时修路。8时20分，拱顶连接隔墙的拆破点、粮库屋面的西南方、南北第一拱的两头连接隔墙处，三处同时拆破，并都破断到6米，这时突然五间连拱隔墙从东北方向向西南方向连续倒塌，使正在屋顶拆除作业的20名工人随同屋顶连拱的隔墙倒下，在地面工作的人也被碎砖瓦埋压，当场伤亡13人。

 释解

我国安全生产法第二十四条规定，生产经营单位的主要负责人和安全生产管理人员必须具备与本单位所从事的生产经营活动相应的安全生产知识和管理能力。第四十一条规定，生产经营单位应当教育和督促从业人员严格执行本单位的安全生产规章制度和安全操作规程；并向从业人员如实告知作业场所和工作岗位存在的危险因素、防范措施以及事故应急措施。本案中，该施工队的施工现场不具备基本的安全防护要求，没有施工组织方案。尤其对五跨拱建筑结构的拆除，施工前没有制定可靠的安全技术措施和具体的拆除方案，因此才造成安全事故的发生。

安全生产法第二十五条规定，生产经营单位应当对从业人员进行安全生产教育和培训，保证从业人员具备必要的安全生产知识，熟悉有关的安全生产规章制度和安全操作规程，掌握本岗位的安全操作技能，了解事故应急处理措施，知悉自身在安全生产方面的权利和义务。未经安全生产教育和培训合格的从业人员，不得上岗作业。本案中，李某、汪某等23名民工，大多数是文盲或半文盲，对这种建筑物的结构、强度、性能、拆除方法及安全技术都不了解，也没有经过安全生产教育和培训，没有取得上岗作业的合格资格，所以才会在拆除作业中错误地判断了内隔墙的结构，先拆除了前后护墙，破坏了屋架整体平衡度，使拱顶屋架受力失衡，引起五拱和隔墙连续倒。

安全生产法第五十六条规定，从业人员发现事故隐患或者其他不安全因素，应当立即向现场安全生产管理人员或者本单位负责人报告；接到报告的人员应当及时予以处理。第八十七条第四款规定，负有安全生产监督管理职责的部门的工作人员，在监督检查中发现重大事故隐患，不依法及时处理的，给予降级或者撤职的处分；构成犯罪的，依照刑法有关规定追究刑事责任。负有安全生产监督管理职责的部门的工作人员有前款规定以外的滥用职权、玩忽职守、徇私舞弊行为的，依法给予处分；构成犯罪的，依照刑法有关规定追究刑事责任。本案中，县粮食局是此项工程的主管部门，对施工方案、技术措施、施工队伍的资质审查都未认真把关，也没有及时处理。

因此，对本案中事故责任者进行如下处理：县粮食局分管基建的财务股长张某对选用施工队不慎，把关不严，负有重要责任，给予行政警告处分；县粮食局副局长李某，对施工方资质审查不严，以包代管，负有领导责任，给予行政警告处分；承包人李某、负责现场施工的汪某，对这起事故，负有直接主要责任，交司法机关追究其刑事责任。

 以案释法 ⑪

无照非法收购粮食不服判决上诉被驳回

2016年2月21日，某工商所在例行检查时，发现周某涉嫌无照收购粮食，经现场检查和调查证实周某非法收购粮食约1500市斤，该工商所经该市工商局批准，于2016年2月21日立案查处，并根据《无照经营查处取缔办法》第九条第（五）项规定，于2月21日作出《扣留财物通知书》，扣留周某稻谷10包约1500市斤。

2016年3月29日，该市工商局作出《责令改正通知书》，责令周某立即停止非法收购粮食的行为。

2016年4月22日，该市工商局根据《中华人民共和国行政处罚法》第三十一条、三十二条的规定，作出《行政处罚告知书》，将作出行政处罚的事实、理由及依据告知周某。

2016年4月25日，该市工商局根据《无照经营查处取缔办法》第四条第一款第（二）项、第十四条第二款、《粮食流通管理条例》第四十一条第一款的规定，于2016年4月25日作出《行政处罚决定书》，对周某进行如下处罚：1.没收周某违法收购的粮食1500市斤；2.罚款人民币3600元。

周某不服，诉至法院请求：1.撤销某工商所作出的《扣留财物通知书》和财物清单；2.撤销该市工商局作出的《责令改正通知书》和《行政处罚决定书》；3.判决两被告返还所扣押的1500市斤谷子，并赔偿误工费、诉讼代理费合计2170.2元，并承担本案诉讼费。

二审法院经审查，最终驳回周某的上诉请求。

 释解

《粮食流通管理条例》第九条第一款规定，依照《中华人民共和国公司登记管理条例》等规定办理登记的经营者，取得粮食收购资格后，方可从事粮食收购活动。申请从事粮食收购活动，应当向办理工商登记的部门同级的粮食行政管理部门提交书面申请，并提供资金、仓储设施、质量检验和保管能力等证明材料。粮食行政管理部门应当自受理之日起十五个工作日内完成审核，对符合本条例规定具体条件的申请者作出许可决定并公示。

由上述规定可见，粮食经营者不仅要办理粮食收购许可证，还须申请工商登记，而周某既无粮食收购许可证，又未办理工商登记即经营粮食收购，显然违反了上述规定。而且某工商所能够提供的现场调查笔录、现场照片、调查询问笔录等证据，证实周某存在非法收购粮食的事实。因此，某工商所于2016年2月21日对周某收购的粮食予以扣留并发出《扣留财物通知书》，虽然该通知书是以该工商所的名义作出，但采取该强制措施时经过了该市工商局的批准，根据《工商行政管理所条例》第八条规定，工商所的具体行政行为是区、县工商局的具体行政行为。故某工商所实施的强制扣留行为应视为该市工商局的行为，该行为并不违反法律规定。

《无照经营查处取缔办法》第十四条规定，对于无照经营行为，由工商行政管理部门依法予以取缔，没收违法所得；触犯刑律的，依照刑法关于非法经营罪、重大责任事故罪、重大劳动安全事故罪、危险物品肇事罪或者其他罪的规定，依法追究刑事责任；尚不够刑事处罚的，并处二万元以下的罚款；无照经营行为规模较大、社会危害严重的，并处二万元以上二十万元以下的罚款；无照经营行为危害人体健康、存在重大安全隐患、威胁公共安全、破坏环境资源的，没收专门用于从事无照经营的工具、设备、原材料、产品（商品）等财物，并处五万元以上五十万元以下的罚款。对无照经营行为的处罚，法律、法规另有规定的，从其规定。《粮食流通管理条例》第四十条规定，未经粮食行政管理部门许可擅自从事粮食收购活动的，由粮食行政管理部门没收非法收购的粮食；情节严重的，并处非法收购粮食价值一倍以上五倍以下的罚款；构成犯罪的，依法追究刑事责任。根据上述规定，该市工商局对于周某无照经营粮食收购的事实，作出的《行政处罚决定书》认定事实清楚、适用法律法规正确。

据此，二审法院对该处罚决定予以维持。认为一审判决认定事实清楚，适用法律法规正确，程序合法，周某的上诉理由不能成立，应予驳回。根据上述规定，二审法院作出判决：驳回上诉，维持原判。

第三节　我国粮食法律制度的发展与完善

《粮食法（征求意见稿）》的公布，对我国粮食法律制度的发展与完善具有重要意义。粮食立法是规范粮食流通秩序、确保国家粮食安全、促进社会稳定之法。构建粮食法律体系，就要在加强粮食立法的同时，逐步完善粮食的安全、生产、流通、储备等各个环节，同时加强相关法律的配套与完善。

一、建立以《粮食法》为主的粮食法律体系

根据法律体系的构成不同，立法活动具有不同的模式。就粮食立法而言，可分为两种模式：

一种是统一立法与单行立法相结合的模式。这种模式虽然无法将粮食的所有规定囊括在一个法律文件之中，但有一个专门的粮食单行法，对粮食安全的基本法律关系、法律效力以及基本法律制度等作出规定。

另一种是分散立法模式。即不一定制定专门的粮食安全单行法，而是将粮食安全法的内容分散在农业或粮食生产、流通、产品质量法等单行法律之中。当前我国的粮食安全立法的模式就属于分散立法。由于分散立法模式存在缺乏统一原则和标准、粮食安全特征不突出、有关规范相互冲突、实施效果差等弊端，我们应借鉴其他国家的成功经验，结合我国国情、粮情，在粮食安全立法模式上选择统一立法与单行法相结合的模式。

（一）制定和颁布粮食法律制度的最高形式——《粮食法》

《粮食法》调整和规范的对象为粮食生产者、经营者、消费者、粮食行政执法

者及一切违反粮食法应给予制裁的违法者。

《粮食法》调整的内容为粮食生产、粮食流通与加工、粮食消费与节约、粮食质量安全、粮食调控与储备、粮食产业支持与发展、监督检查、法律责任等。

（二）制定和颁布直接或间接涉及粮食的相关法律、法规、规章

完善相关法律、法规是粮食法律制度的主要实施部分。

在立法方式上采用综合立法和专门立法并行的方式；在生产和消费领域以综合立法为主；在流通领域采取专门立法，吸收《粮食流通管理条例》和《中央储备粮管理条例》两部行政法规的基本内容，弥补不足之处，形成《粮食流通法》或《粮食流通管理法》。

由国务院或相关地方人大及其常委会依法制定和颁布直接或间接关涉粮食安全的行政法规或地方法规。

由国家有关部门或相关地方政府依法制定有关粮食的操作性行政规章。

二、建立保障粮食生产安全的基本法律制度。

粮食生产安全是粮食安全的基础，必须在《粮食法》中建立确保粮食生产安全的一系列基本制度。

（一）建立基本良田保护制度，实现"藏粮于地"

依据《中华人民共和国土地管理法》和《基本农田保护条例》的规定，建立和落实基本农田保护规划制度，依法划定基本农田，保障粮食生产能力。

严格土地审批制度，坚持建设占地补偿制度，加大农田水利建设投资，落实基本农田保护责任措施，禁止破坏和闲置、荒芜基本农田。

（二）建立粮食生产扶持制度，调动生产者种粮积极性

建立完善粮食生产财政支持制度，对粮食主产区和种粮农民给予直接补贴；坚持和完善粮食支持保护和补贴制度，保护和提高粮食综合生产能力；改革农村税收和农村金融体制，促进农村资金就地使用；建立和推进农业保险制度，提高粮食生产的抗灾自救和恢复能力。

（三）建立粮食科技攻关制度，实现"藏粮于科技"

建立能出大成果的创新体系，组织各方面科技力量集中进行重大课题攻关，不断提高粮食生产科技含量。

改革和创新农业技术推广服务体系，提高粮食生产技术水平，建立农业灾害的技术会商制度，增强粮食生产抗灾减灾和夺取丰收的能力。

（四）完善粮食储备调控制度，实现"藏粮于库"

完善国家分级储备体系，建立中央储备为主导，省、市、县各级地方储备为骨干，广大农民和经营者库存为基础，布局合理，调控有力的粮食储备体系，为国家宏观调控提供物资保障。

加强部门协调配合，健全储备运行机制，确保各项储备粮食储存安全，质量可靠，管得住、调得动、用得上。

建立完善粮食安全监测预警系统，制定落实粮食风险防范预案，完善粮食应急加工、储运、供应网络系统，增强应急保障能力，落实"米袋子"省长负责制，加大地方政府粮食安全责任。

加强产销衔接，组织好产需调剂，确保产区粮食有销路，确保销区粮源有保障。

建立大中城市小包装成品粮油储备机制，保证任何情况下市场供应不脱销、不断档。

（五）建立爱惜和节约粮食制度，实现减损保供

在全社会树立"节约粮食为荣、浪费粮食为耻"的道德风尚。培养节约粮食习惯，形成"节约粮食、人人有责"的文明风尚，促进全社会科学、文明、健康的饮食和消费风气的形成。

加强粮食产后减损技术研究和推广，开发无形粮田。

加强现代储粮技术推广运用，提高保鲜能力，延长粮食保质期限，努力减少产后损失。

三、建立保障粮食经济主权制度

21世纪是生物科技的世纪，转基因粮食事关十三亿人民健康福祉和中华民族的繁衍生息。外资并购国内粮食企业和粮食进出口情况事关国家粮食主权安全，在粮食立法中对其进行全面规范十分必要。

（一）全面建立转基因粮食监管体制机制

建立转基因粮食安全监督制度，规范转基因粮食生产流通行为。

实行转基因粮食强制标识制度、信息公开制度、应急处理制度和全面监控制度，对转基因粮食的研究试验、生产加工及经营销售实行风险评估、跟踪监测和严格审批，把危险因素控制在萌芽状态。

（二）建立健全外资并购法律制度

借鉴西方企业并购以及国内其他涉及主权安全的经济领域企业并购的立法经验，既制定严密法律进行实体规范，又对并购活动当事人和地方政府及主管部门进行程序约束。

建立并购申报登记制度以及法律的救济制度，使外资并购粮食企业的监管既严密又透明。

采取严格的审批制度和外资的市场准入等措施，对外资并购进行严格限制。

建立并购责任追究制度，通过设定法律责任对受损害者进行补偿，对加害者进行惩处，以促使当事人履行义务，使外资并购真正步入规范化、法治化的轨道。

加强对外资并购中的"间接持股"问题、"一致行动人"问题和反收购问题的监

管，规制外商在并购粮食行业上市公司行为。

（三）建立粮油进出口管理法律制度

建立完善进出口许可、关税、技术检疫、信息披露预警等相关制度，既利用好国际国内两个市场、两种资源，又有效保护国内粮食产业发展。

四、建立保障粮食安全的高效行政执法体制

（一）建立统一监管和分条线执法相结合的管理体制

认真总结和充分认识分条线执法、统一监管以及统一监管与分条线执法相结合三种体制的利弊，合理配置监管机构职责和权力。

明确和落实粮食统一监管专门机构的职权，实施对粮食安全的统一管理；划清统一监管与分条线执法相关管理机构的职责权限，明确一个核心机关统一管理并负责主抓，其他部门搞好配合。

通过全国人大发布粮食基本法，确定统一监管和分条线执法相结合的监管模式，明确规定县级以上地方人民政府粮食行政管理部门，负责对本地区的粮食安全实施统一管理，其他部门依照法律法规的规定对粮食安全实施监督管理。

（二）建立保障粮食的行政执法监管机构和队伍

健全完善粮食行政管理部门相应的执法体系。粮食行政执法以县级为主体，加大县级粮食行政执法机构、人员、经费的投入，为粮食安全提供有力保障。

建设一支高素质的队伍，确保对粮食安全全过程、各环节的监管到位。

严格执行粮食行政执法责任制，将粮食安全各项责任落实到具体工作岗位，落实执法人员的具体职责，严格依法行政，规范执法行为，加大监督检查，防止不作为和乱作为，把确保粮食安全责任落实到位。

第五章
食品安全法律制度

    民以食为天，食以安为先。食品是人们生活所必需的、最根本的要素，食品问题关系国计民生，食品安全更是我国经济社会发展中的首要战略问题之一，直接关系着广大人民群众的身体健康和生命安全。近年来，随着经济的飞速发展，食品安全问题也越来越突出，毒奶粉、毒大米、地沟油、瘦肉精等食品安全事故频发，折射出食品安全法律制度的不完善，包括食品安全的风险监测和评估、安全标准、生产经营、检验与进出口等多个环节的缺陷和问题。我国十分重视食品安全问题，于2009年2月28日公布了《中华人民共和国食品安全法》，2015年4月24日十二届全国人大常委会十四次会议进行修订。此次修订，被各界称为"史上最严的食品安全法"，字数也由之前的1.5万字增加到3万字，其中对保健食品、网络食品交易、食品添加剂等当前食品监管中存在的难点问题都作了严格的规定，对今后我国食品安全规制必将产生深远影响，并对保证人民群众身体健康和生命安全具有重大意义。

第一节　食品安全风险监测和评估

    食品安全风险监测和评估是国际通行做法，也是应对日益严峻的食品安全形势的重要经验。建立食品安全风险监测和评估制度有利于及早发现食品安全风险，积累食品安全管理经验，较好地起到防范食品安全事故的作用，为制定食品安全标准提供科学数据和实践经验，对于提高我国食品安全水平，保障公众的生命健康权利发挥重大作用。

一、食品安全风险监测和评估的概念

食品安全，是指食品无毒、无害，符合应当有的营养要求，对人体健康不会造成任何急性、亚急性或者慢性危害。

食品安全风险监测，是指为了掌握和了解食品安全状况，对食品安全水平进行检验、分析、评估和公告的活动。国家建立食品安全风险制度，对食源性疾病、食品污染以及食品中的有害因素进行监测。

食源性疾病是指食品中致病因素进入人体引起的感染性、中毒性等疾病。包括常见的食物中毒、肠道传染病、寄生虫病以及化学性有毒有害物质所引起的疾病。

食品污染是指食品及其原料在生产、加工、运输、包装、贮存、销售以及烹调等过程中因农药、废水、污水、各种食品添加剂、病虫害和家畜疫病所引起的污染，以及霉菌毒素引起的食品霉变，运输、包装材料中有毒有害物质等对食品所造成的污染的总称。食品中的有害因素，按性质分为生物性因素、化学性因素和物理性因素三类。

食品安全风险监测的主要目是掌握较为全面的食品安全状况，以便有针对性地对食品安全进行监管，并将监测与风险评估的结果作为制定食品安全标准、确定检查对象和检查频率的科学依据。

食品安全风险评估，是指运用科学方法，根据食品安全风险监测信息、科学数据以及有关信息，对食品、食品添加剂、食品相关产品中生物性、化学性和物理性危害因素进行风险评估。食品安全风险评估一般包括危害识别、危害特征描述、暴露评估、风险特征描述。

危害识别是根据流行病学、动物试验、体外试验、结构－活性关系等科学数据和文献信息确定人体暴露于某种危害后是否会对健康造成不良影响、造成不良影响的可能性，以及可能处于风险之中的人群和范围。

危害特征描述是对与危害相关的不良健康作用进行定性或定量描述。可以利用动物试验、临床研究以及流行病学研究确定危害与各种不良健康作用之间的剂量－反应关系、作用机制等。如果可能，对于毒性作用有阈值的危害应建立人体安全摄入量水平。

暴露评估是描述危害进入人体的途径，估算不同人群摄入危害的水平。根据危害在膳食中的水平和人群膳食消费量，初步估算危害的膳食总摄入量，同时考虑其他非膳食进入人体的途径，估算人体总摄入量并与安全摄入量进行比较。

风险特征描述是在危害识别、危害特征描述和暴露评估的基础上，综合分析危害对人群健康产生不良作用的风险及其程度，同时应当描述和解释风险评估过程中的不确定性。

食品安全风险评估结果是制定、修订食品安全标准和实施食品安全监督管理的科学依据。经食品安全风险评估，得出食品、食品添加剂、食品相关产品不安全结论的，国务院食品药品监督管理、质量监督等部门应当依据各自职责立即向社会公告，告知消费者停止食用或者使用，并采取相应措施确保该食品、食品添加剂、食品相关产品停止生产经营；需要制定、修订相关食品安全国家标准的，国务院卫生行政部门应当会同国务院食品药品监督管理部门立即制定、修订。

二、食品安全风险监测和评估的主要内容

（一）食品安全风险监测计划和方案

食品安全风险监测计划由国务院卫生行政部门会同国务院有关部门制定、实施。省、自治区、直辖市人民政府卫生行政部门根据国家食品安全风险监测计划，结合本行政区域的具体情况，组织制定、实施本行政区域的食品安全风险监测方案。监测计划和方案也并不是一成不变的，食品安全风险状况是动态的，了解和制定风险监测计划和方案也应是动态的，根据实际情况作出计划和方案。各职能监管部门在日常监督过程获知有关食品安全风险信息后，也应当向卫生行政部门通报，卫生部门应当会同有关部门对信息进行核实，及时调整食品安全风险计划和方案。

（二）食品安全风险评估的组织制定

食品安全风险评估是由国务院卫生行政部门负责组织的，具体是由成立的包括医学、农业、食品、营养等方面的专家组成的专家委员会来进行的。另外，农产品质量安全风险评估是由国务院农业行政部门依据《中华人民共和国农产品质量安全法》成立的，但是对农药、肥料、生长调节剂、兽药、饲料和饲料添加剂等的安全评估，应当有食品安全风险评估专家委员会的专家参加。食品安全风险评估是一个科学客观的过程，运用科学方法，遵循客观规律来进行的，这样能保证评估的结果可以作为权威的、专业的依据。国务院卫生行政部门应积极主动利用食品安全风险监测手段或者接到人民群众举报发现食品存在安全隐患的，应立即组织进行检验和食品安全风险评估。此外，食品安全风险评估不得向生产经营者收取费用，采集样品应当按照市场价格支付费用。

（三）食品安全风险评估的情形

制定了粮食风险评估的方案就要有一个相应配套的具体实施标准，那么哪种情形才需要进行食品安全风险评估呢？主要有以下几种情形：

第一，通过食品安全风险监测或者接到举报发现食品、食品添加剂、食品相关产品可能存在安全隐患的。

第二，为制定或者修订食品安全国家标准提供科学依据需要进行风险评估的。

第三，为确定监督管理的重点领域、重点品种需要进行风险评估的。

第四，发现新的可能危害食品安全因素的。

第五，需要判断某一因素是否构成食品安全隐患的。

第六，国务院卫生行政部门认为需要进行风险评估的其他情形。

（四）食品安全风险警示

国务院卫生行政部门应当会同国务院有关部门，根据食品安全风险评估结果、食品安全监督管理信息，对食品安全状况进行综合分析。对经综合分析表明可能具有较高程度安全风险的食品，国务院卫生行政部门应当及时提出食品安全风险警示，并予以公布。对食品安全状况进行综合分析，还能够在更大范围的信息汇总分析的过程中发现具有较高程度安全风险的食品，进而提出食品安全风险警示，并予以公布。其中安全风险警示是由国务院卫生行政部门统一公布的。风险的警示能够引起食品生产者、经营者和消费者的重视，有利于提高生产经营安全食品的整体水平，加强对风险食品的监管，预防和控制食品安全事故。

 以案释法 ⑫

加工销售有毒有害食品案

2015年7月，温州市某区食品药品监管部门接到群众举报，称对赖某、蒋某经营的卤味烤肉店销售的卤肉上瘾，怀疑添加违禁物质。该区食品药品监管部门联合公安机关对该店进行了突击检查，现场查获混有罂粟粉的调味料20克、罂粟壳350克。经查，赖某为拉拢回头客，自2014年8月起，在加工卤肉时采用将完整罂粟壳放在汤料包里置于卤汤中，或将罂粟壳碾磨成粉末，混入其他香料，直接撒在卤肉上等方式，进行非法添加。根据赖某供述，执法人员查处了向其销售罂粟壳的调味品店，以及该店的上线位于福州市的某香料商行，共查获罂粟壳19千克。卤味烤肉店经营者赖某、蒋某被该区食品药品监管部门列入2015年第二期区食品安全黑名单，向社会公示。

 释解

我国食品安全法规定，对部分危害严重的食品安全违法行为首先应对违法行为进行判断。如对非法添加化学物质、经营病死畜禽、生产经营有害物质超过标准限量的食品等违法行为是否构成犯罪进行判断，对于涉嫌构成犯罪的，要坚决移送公安机关，追究刑事责任；对于不构成犯罪的，再按照食品安全法的规定予以行政处罚。本案中，赖某、蒋某在加工的卤肉中掺入罂粟粉、罂粟壳这种有毒、有害的非食品原料并予以销售，侵犯了国家食品安全法和公民的健康权，其行为已涉嫌构成生产、销售有毒、有害食品罪，应移送公安机关进行审查。

第二节 食品安全标准

食品安全问题是关系到人民健康和国计民生的重大问题。解决食品安全问题，保护人民身体健康，已成为世界各国政府当前的一项重要战略举措。加强食品安全标准工作，建立和完善食品安全标准体系，是有效实施这一战略举措的重要技术支撑。

一、食品安全标准概述

（一）食品安全标准的概念

食品安全标准，是指为了对食品生产、加工、流通和消费（即"从农田到餐桌"）食品链全过程中影响食品安全和质量的各种要素以及各关键环节进行控制和管理，经协商一致制定并由公认机构批准，共同使用和重复使用的一种规范性文件。

（二）食品安全标准内容

食品安全标准应当包括下列内容：

第一，食品、食品添加剂、食品相关产品中的致病性微生物，农药残留、兽药残留、生物毒素、重金属等污染物质以及其他危害人体健康物质的限量规定。

第二，食品添加剂的品种、使用范围、用量。

第三，专供婴幼儿和其他特定人群的主辅食品的营养成分要求。

第四，对与卫生、营养等食品安全要求有关的标签、标志、说明书的要求。

第五，食品生产经营过程的卫生要求。

第六，与食品安全有关的质量要求。

第七，与食品安全有关的食品检验方法与规程。

第八，其他需要制定为食品安全标准的内容。

二、食品安全标准的制定

食品安全法规定，食品安全国家标准由国务院卫生行政部门会同国务院食品药品监督管理部门制定、公布，国务院标准化行政部门提供国家标准编号。这改变了以往食品卫生国家标准由国务院标准化行政部门和国务院卫生行政部门联合发布的方式，更有利于食品安全标准的及时发布和责任主体的明确，细化了具体标准的制定部门。

食品安全法中还作了另外两款规定：一是食品中农药残留、兽药残留的限量规定及其检验方法与规程由国务院卫生行政部门、国务院农业行政部门会同国务院食品药品监督管理部门制定；二是屠宰畜、禽的检验规程由国务院农业行政部门会同国务院卫生行政部门制定。

食品安全法规定食品安全标准是强制执行的标准。除食品安全标准外，不得制定其他食品强制性标准。为此，制定食品安全标准，应当以保障公众身体健康为宗旨，做到科学合理、安全可靠。

制定食品安全国家标准，应当依据食品安全风险评估结果并充分考虑食用农产品安全风险评估结果，参照相关的国际标准和国际食品安全风险评估结果，并将食品安全国家标准草案向社会公布，广泛听取食品生产经营者、消费者、有关部门等方面的意见。提倡扩大食品安全标准制定的社会参与性，体现国家法律法规的公正性和民主性，便于鼓励公民和其他组织参与食品安全标准的制定工作。

食品安全国家标准应当经国务院卫生行政部门组织的食品安全国家标准审评委员会审查通过。食品安全国家标准评审委员会由国务院卫生行政部门组织，其他部门没有权力组织。食品安全国家标准审评委员会由医学、农业、食品、营养、生物、环境等方面的专家以及国务院有关部门、食品行业协会、消费者协会的代表组成，对食品安全国家标准草案的科学性和实用性等进行审查。有助于充分发挥行业协会的作用，保护消费者的合法权益。

对地方特色食品，没有食品安全国家标准的，省、自治区、直辖市人民政府卫生行政部门可以制定并公布食品安全地方标准，报国务院卫生行政部门备案。食品安全国家标准制定后，该地方标准即行废止。

 **以案释法 ⑬**

生产、销售不符合安全标准的假蜂蜜案

2011年6月中旬至2011年7月，邝某、钟某、彭某、周某四人从甲市出发至乙市某县，到达当地后四人将白糖、明矾加水按一定比例放入锅锅中熬制，冷却后再加入蜂叶子、香精等原料，四人将熬制成的假蜂蜜进行销售，谋取非法利益。2011年7月19日，经乙市公安局物证鉴定中心鉴定，四人生产假蜂蜜过程中添加的白色晶体为明矾，化学成分为"十二水合硫酸铝铵"。2011年7月15日，经乙市计量质量检测研究院检测，四人生产、销售给王某、叶某和存放在旅店未销售的假蜂蜜铝含量分别为253mg/kg、266mg/kg、285mg/kg。2011年8月3日，经乙市疾病预防控制中心鉴定，四人生产、销售的假蜂蜜可能造成严重食物中毒或食源性疾患，属于禁止生产经营的食品。

 释解

我国刑法第一百四十三规定，生产、销售不符合食品安全标准的食品，足以造成严重食物中毒事故或者其他严重食源性疾病的，处三年以下有期徒刑或者拘役，并处罚金；对人体健康造成严重危害或者有其他严重情节的，处三年以上七年以下有期徒刑，并处罚金；后果特别严重的，处七年以上有期徒刑或者无期徒刑，并处

罚金或者没收财产。

《最高人民法院、最高人民检察院关于办理危害食品安全刑事案件适用法律若干问题的解释》第一条规定，生产、销售不符合食品安全标准的食品，具有下列情形之一的，应当认定为刑法第一百四十三条规定的"足以造成严重食物中毒事故或者其他严重食源性疾病"：（一）含有严重超出标准限量的致病性微生物、农药残留、兽药残留、重金属、污染物质以及其他危害人体健康的物质的；（二）属于病死、死因不明或者检验检疫不合格的畜、禽、兽、水产动物及其肉类、肉类制品的；（三）属于国家为防控疾病等特殊需要明令禁止生产、销售的；（四）婴幼儿食品中生长发育所需营养成分严重不符合食品安全标准的；（五）其他足以造成严重食物中毒事故或者严重食源性疾病的情形。

本案中，邝某、钟某、彭某、周某违反了食品卫生管理法规，生产、销售假蜂蜜，属于《最高人民法院、最高人民检察院关于办理危害食品安全刑事案件适用法律若干问题的解释》规定的生产、销售不符合安全标准的食品行为，应当予以刑罚处罚。四人为了谋取非法利益，无视国家法律及人民群众的生命健康，社会影响恶劣，应予从重处罚。四被告人在犯罪过程中，其作案动机和犯罪情节及手段基本一致，不分主从。

刑法第六十七条第三款规定，犯罪嫌疑人虽不具有法律规定的自首情节，但是如实供述自己罪行的，可以从轻处罚；因其如实供述自己罪行，避免特别严重后果发生的，可以减轻处罚。本案中，如果四人到案后，均如实供述自己的罪行，当庭认罪，悔罪态度明显，可以根据上述规定酌定情节从轻处罚。

据此，法院院为维护正常的社会主义市场经济秩序，保障食品安全，依照上述刑法规定进行判决：邝某、钟某、彭某、周某犯生产、销售不符合安全标准的食品罪，判处有期徒刑八个月，并处罚金3000元；四人非法所得的财物予以追缴，作案工具予以没收。

制售地沟油案

柳某原在山东省某县经营油脂加工厂。自2007年12月起，柳某从四川、江苏、浙江等地收购餐厨废弃油（地沟油）加工提炼成劣质油脂，对外销售。2009年3月、2010年6月，柳某又先后注册成立博某公司、格某公司，扩大产能，进一步将利用地沟油生产的劣质油脂作为食用油，销售给经营食用油生意的山东某粮油实业公司、河南某粮油商行等。前述粮油公司和经销处亦在明知从甲处购买的劣质油脂系地沟油加工而成仍直接或经勾兑后作为食用油销售给个体粮油店、饮食店、食品加工厂以及学校食堂，或冒充豆油等油脂销售给饲料、药品加工等企业。截至2011年7月案发，柳某等最终导致金额为926万余元（人民币，下同）的此类劣质油流向食用油市场供人食用，金额为9065万余元的劣质油流入非食用油市场。期间，经柳某招募，鲁某负责公司的筹建、管理；李某负责地沟油采购并曾在公司分提车间工作；周某从事后勤工作；于某负责公司机器设备维护及管理水解车间；刘某作为驾驶员运输成品油脂；王某作为驾驶员运输半成品油和厂内污水，并提供个人账户供甲收付货款。上述人员均在明知柳某用地沟油加工劣质油并对外销售的情况下，仍予以帮助。其中，鲁某、于某参与生产、销售上述售往食用油市场的劣质油的金额均为134万余元，李某为765万余元，周某为457万余元，刘某为138万余元，王某为270万余元；鲁某、于某参与生产、销售上述流入非食用油市场的劣质油的金额均为699万余元，李某为9065万余元，周某为4961万余元，刘某为2221万余元，王某为6534万余元。

 释解

我国刑法第一百四十四条规定，在生产、销售的食品中掺入有毒、有害的非食品原料的，或者销售明知掺有有毒、有害的非食品原料的食品的，处五年以下有期徒刑，并处罚金；对人体健康造成严重危害或者有其他严重情节的，处五年以上十年以下有期徒刑，并处罚金；致人死亡或者有其他特别严重情节的，依照本法的规定处罚。

本案中，柳某利用餐厨废弃油加工劣质食用油脂，销往粮油食品经营户，并致劣质油脂流入食堂、居民家庭等，供人食用，其行为构成生产、销售有毒、有害食品罪。柳某还明知下家购买其用餐厨废弃油加工的劣质油脂冒充合格豆油等，仍予以生产、销售，流入饲料、药品加工等企业，其行为又构成生产、销售伪劣产品罪，应予并罚。柳某生产、销售有毒、有害食品的犯罪行为持续时间长，波及范围广，严重危害食品安全，严重危及人民群众的身体健康，情节特别严重，应依法惩处。

被告人鲁某、李某、周某、于某、刘某、王某明知柳某利用餐厨废弃油加工劣质油脂并予销售，仍积极参与，其行为也分别构成生产、销售有毒、有害食品罪和生产、销售伪劣产品罪，亦应并罚。

在共同犯罪中，柳某系主犯；鲁某、李某、周某、于某、刘某、王某均系从犯。

据此，法院依法判决：被告人柳某犯生产、销售有毒、有害食品罪，判处无期徒刑，剥夺政治权利终身，并处没收个人全部财产；犯生产、销售伪劣产品罪，判处无期徒刑，剥夺政治权利终身，并处没收个人全部财产；决定执行无期徒刑，剥夺政治权利终身，并处没收个人全部财产。被告人鲁某犯生产、销售有毒、有害食品罪，判处有期徒刑八年，并处罚金二十万元；犯生产、销售伪劣产品罪，判处有期徒刑九年，并处罚金二十万元；决定执行有期徒刑十四年，并处罚金四十万元。

被告人李某犯生产、销售有毒、有害食品罪，判处有期徒刑六年六个月，并处罚金二十万元；犯生产、销售伪劣产品罪，判处有期徒刑七年六个月，并处罚金二十万元；决定执行有期徒刑十一年，并处罚金四十万元。被告人周某犯生产、销售有毒、有害食品罪，判处有期徒刑六年，并处罚金二十万元；犯生产、销售伪劣产品罪，判处有期徒刑七年六个月，并处罚金二十万元；决定执行有期徒刑十年六个月，并处罚金四十万元。被告人于某犯生产、销售有毒、有害食品罪，判处有期徒刑五年六个月，并处罚金二十万元；犯生产、销售伪劣产品罪，判处有期徒刑七年六个月，并处罚金二十万元；决定执行有期徒刑十年，并处罚金四十万元。被告人刘某犯生产、销售有毒、有害食品罪，判处有期徒刑五年，并处罚金十五万元；犯生产、销售伪劣产品罪，判处有期徒刑七年，并处罚金十五万元；决定执行有期徒刑七年，并处罚金三十万元。被告人王某犯生产、销售有毒、有害食品罪，判处有期徒刑五年，并处罚金十五万元；犯生产、销售伪劣产品罪，判处有期徒刑七年，并处罚金十五万元；决定执行有期徒刑七年，并处罚金三十万元。

第三节　食品生产经营

食品生产经营首先应当符合食品安全标准，按照食品安全标准进行生产经营是对食品生产经营者最基本、最核心的要求，食品生产经营者应当确保其生产经营活动符合食品安全标准。食品生产经营主要分为一般规定，生产经营过程控制，标签、说明书、广告和特殊食品四部分，每一部分都分别作出了具体的规定，从而在整体上保证食品生产经营的完美进行。

一、一般规定

食品生产经营环节多、链条长，影响食品安全的因素很多，因此法律、法规规定了一些要求，包括一般性的规定和禁止性的规定，以便全面地解决实践中可能遇到的食品生产经营问题。

（一）对场所的要求

具有与生产经营的食品品种、数量相适应的食品原料处理和食品加工、包装、贮存等场所，保持该场所环境整洁，并与有毒、有害场所以及其他污染源保持规定的距离。

（二）对设备、设施的要求

具有与生产经营的食品品种、数量相适应的生产经营设备或者设施，有相应的消毒、更衣、盥洗、采光、照明、通风、防腐、防尘、防蝇、防鼠、防虫、洗涤以及处理废水、存放垃圾和废弃物的设备或者设施。

（三）对人员和制度的要求

有专职或者兼职的食品安全专业技术人员、食品安全管理人员和保证食品安全的规章制度。

（四）对设备布局和工艺流程的要求

具有合理的设备布局和工艺流程，防止待加工食品与直接入口食品、原料与成品交叉污染，避免食品接触有毒物、不洁物。

（五）对使用的食品相关产品的要求

餐具、饮具和盛放直接入口食品的容器，使用前应当洗净、消毒，炊具、用具用后应当洗净，保持清洁。

（六）对贮存、运输和装卸食品的要求

贮存、运输和装卸食品的容器、工具和设备应当安全、无害，保持清洁，防止食品污染，并符合保证食品安全所需的温度、湿度等特殊要求，不得将食品与有毒、有害物品一同贮存、运输。

（七）对直接入口的食品使用的包装材料等食品相关产品的要求

直接入口的食品应当使用无毒、清洁的包装材料、餐具、饮具和容器。

（八）对食品生产经营人员的要求

食品生产经营人员应当保持个人卫生，生产经营食品时，应当将手洗净，穿戴清洁的工作衣、帽等；销售无包装的直接入口食品时，应当使用无毒、清洁的容器、售货工具和设备。

（九）对用水的要求

用水应当符合国家规定的生活饮用水卫生标准。

（十）对洗涤剂和消毒剂的要求

使用的洗涤剂、消毒剂应当对人体安全、无害。

（十一）对食品生产经营要求的兜底条款

法律、法规规定的其他要求。

二、禁止性规定

由于食品添加剂、食品相关产品不符合法律、法规或者食品安全标准的要求，也会影响食品安全，因此，除了一般性规定以外还要有关于禁止生产经营的食品添加剂、食品相关产品的规定，具体如下：

第一，用非食品原料生产的食品或者添加食品添加剂以外的化学物质和其他可能危害人体健康物质的食品，或者用回收食品作为原料生产的食品。

第二，致病性微生物，农药残留、兽药残留、生物毒素、重金属等污染物质以及其他危害人体健康的物质含量超过食品安全标准限量的食品、食品添加剂、食品相关产品。

第三，用超过保质期的食品原料、食品添加剂生产的食品、食品添加剂。

第四，超范围、超限量使用食品添加剂的食品。

第五，营养成分不符合食品安全标准的专供婴幼儿和其他特定人群的主辅食品。

第六，腐败变质、油脂酸败、霉变生虫、污秽不洁、混有异物、掺假掺杂或者感官性状异常的食品、食品添加剂。

第七，病死、毒死或者死因不明的禽、畜、兽、水产动物肉类及其制品。

第八，未按规定进行检疫或者检疫不合格的肉类，或者未经检验或者检验不合格的肉类制品。

第九，被包装材料、容器、运输工具等污染的食品、食品添加剂。

第十，标注虚假生产日期、保质期或者超过保质期的食品、食品添加剂。

第十一，无标签的预包装食品、食品添加剂。

第十二，国家为防病等特殊需要明令禁止生产经营的食品。

第十三，其他不符合法律、法规或者食品安全标准的食品、食品添加剂、食品相关产品。

三、生产经营过程控制

食品生产经营企业应当建立健全食品安全管理制度，对职工进行食品安全知识培训，加强食品检验工作，依法从事生产经营活动。食品生产经营企业的主要负责人应当落实企业食品安全管理制度，对本企业的食品安全工作全面负责。食品生产经营企业应当配备食品安全管理人员，加强对其培训和考核。经考核不具备食品安全管理能力的，不得上岗。食品药品监督管理部门应当对企业食品安全管理人员随机进行监督抽查考核并公布考核情况。监督抽查考核不得收取费用。

食品生产经营者应当建立并执行从业人员健康管理制度。患有国务院卫生行政部门规定的有碍食品安全疾病的人员，不得从事接触直接入口食品的工作。从事接触直接入口食品工作的食品生产经营人员应当每年进行健康检查，取得健康证明后方可上岗。

食品生产企业应当就下列事项制定并实施控制要求，保证所生产的食品符合食品安全标准：原料采购、原料验收、投料等原料控制；生产工序、设备、贮存、包装等生产关键环节控制；原料检验、半成品检验、成品出厂检验等检验控制；运输和交付控制。

此外，食品生产经营者应当建立食品安全自查制度，定期对食品安全状况进行检查评价。生产经营条件发生变化，不再符合食品安全要求的，食品生产经营者应当立即采取整改措施；有发生食品安全事故潜在风险的，应当立即停止食品生产经营活动，并向所在地县级人民政府食品药品监督管理部门报告。

四、标签、说明书和广告

标签是产品的脸面，食品的生产过程消费者看不见、摸不着，只有通过标签获得信息。所以为了能让消费者看得明白，吃得健康放心，食品的标签也必须严格按照标准标注。预包装食品的包装上应当有标签。标签应当标明下列事项：名称、规格、净含量、生产日期；成分或者配料表；生产者的名称、地址、联系方式；保质期；产品标准代号；贮存条件；所使用的食品添加剂在国家标准中的通用名称；生产许可证编号；法律、法规或者食品安全标准规定应当标明的其他事项。

专供婴幼儿和其他特定人群的主辅食品，其标签还应当标明主要营养成分及其含量。食品安全国家标准对标签标注事项另有规定的，从其规定。

强化食品、食品添加剂生产经营关联主体的义务和责任。集中交易市场的开办者、柜台出租者和展销会举办者，应当依法审查入场食品经营者的许可证，明确其食品安全管理责任，定期对其经营环境和条件进行检查，发现其有违反法律规定行为的，应当及时制止并立即报告所在地县级人民政府食品药品监督管理部门。

网络食品交易第三方平台提供者应当对入网食品经营者进行实名登记，明确其食品安全管理责任；依法应当取得许可证的，还应当审查其许可证。网络食品交易第三方平台提供者发现入网食品经营者有违反本法规定行为的，应当及时制止并立即报告所在地县级人民政府食品药品监督管理部门；发现严重违法行为的，应当立即停止提供网络交易平台服务。

五、特殊食品

食品安全法对保健食品、特殊医学用途配方食品和婴幼儿配方食品等特殊食品实行严格监督管理。

（一）加强特定标识监管

保健食品的标签、说明书不得涉及疾病预防、治疗功能，内容应当真实，与注册或者备案的内容相一致，载明适宜人群、不适宜人群、功效成分或者标志性成分及其含量等，并声明"本品不能代替药物"。保健食品的功能和成分应当与标签、说明书相一致。

（二）特殊食品严格监管

婴幼儿配方食品生产企业应当实施从原料进厂到成品出厂的全过程质量控制，对出厂的婴幼儿配方食品实施逐批检验，保证食品安全。生产婴幼儿配方食品使用的生鲜乳、辅料等食品原料、食品添加剂等，应当符合法律、行政法规的规定和食品安全国家标准，保证婴幼儿生长发育所需的营养成分婴幼儿配方食品生产企业应当将食品原料、食品添加剂、产品配方及标签等事项向省、自治区、直辖市人民政府食品药品监督管理部门备案。婴幼儿配方乳粉的产品配方应当经国务院食品药品监督管理部门注册。注册时，应当提交配方研发报告和其他表明配方科学性、安全性的材料。不得以分装方式生产婴幼儿配方乳粉，同一企业不得用同一配方生产不同品牌的婴幼儿配方乳粉。

（三）生产企业自查监管

生产保健食品，特殊医学用途配方食品、婴幼儿配方食品和其他专供特定人群的主辅食品的企业，应当按照良好生产规范的要求建立与所生产食品相适应的生产质量管理体系，定期对该体系的运行情况进行自查，保证其有效运行，并向所在地县级人民政府食品药品监督管理部门提交自查报告。

 以案释法 15

生产、销售不符合国家标准的奶粉案

2011年7月，张某、王某、李某伙同赵某，决定注册成立某乳业有限公司，张某为法人代表。公司注册资金为500000元，其中张某出资200000元，王某与赵某各出资150000元。2013年9月公司成立后，租赁该县旧邮电所办公楼为厂房，先后从外地购进15吨劣质原料奶粉，雇用数名工人进行奶粉包装生产。从2013年9月至次年4月，该乳业有限公司共生产婴儿奶粉、幼儿奶粉、幼儿补钙奶粉等九种奶粉约9吨，销往全国各地，收回货款计110000余元。案发后，经某省疾病预防控制中心检测鉴定，该乳业有限公司生产的九种奶粉的蛋白质含量为0.42%-2.82%，明显低于国家标准要求12%的蛋白质含量。第二年5月20日，在张某的动员下，王某、李某与张某一起向该县公安局投案。

 释解

我国刑法第一百四十三规定，生产、销售不符合食品安全标准的食品，足以造成严重食物中毒事故或者其他严重食源性疾病的，处三年以下有期徒刑或者拘役，并处罚金；对人体健康造成严重危害或者有其他严重情节的，处三年以上七年以下有期徒刑，并处罚金；后果特别严重的，处七年以上有期徒刑或者无期徒刑，并处罚金或者没收财产。

《最高人民法院、最高人民检察院关于办理危害食品安全刑事案件适用法律若干问题的解释》第一条规定，生产、销售不符合食品安全标准的食品，具有下列情形之一的，应当认定为刑法第一百四十三条规定的"足以造成严重食物中毒事故或者其他严重食源性疾病"：（一）含有严重超出标准限量的致病性微生物、农药残留、兽药残留、重金属、污染物质以及其他危害人体健康的物质的；（二）属于病死、死因不明或者检验检疫不合格的畜、禽、兽、水产动物及其肉类、肉类制品的；（三）属于国家为防控疾病等特殊需要明令禁止生产、销售的；（四）婴幼儿食品中生长发育所需营养成分严重不符合食品安全标准的；（五）其他足以造成严重食物中毒事故或者严重食源性疾病的情形。

本案中，张某、王某、李某伙同赵某，违反食品卫生管理法规，擅自超越卫生许可证许可项目，非法生产、销售不符合卫生标准的婴幼儿等奶粉食品9吨，符合《最高人民法院、最高人民检察院关于办理危害食品安全刑事案件适用法律若干问题的解释》第一条第四项的规定，足以造成严重食源性疾患，其行为均构成生产、销售不符合卫生标准的食品罪。

张某、王某、李某在案后能主动投案，如实供述所犯罪行，属于自首，且张某还动员王某、李某一起投案，张某、王某、李某归案后有悔罪表现，法院可以对三人酌情从轻处罚并适用缓刑。

据此，法院依法判决：被告人张某犯生产、销售不符合卫生标准的食品罪，判处有期徒刑一年，缓刑一年六个月，并处罚金人民币70000元；被告人王某犯生产、销售不符合卫生标准的食品罪，判处有期徒刑十个月，缓刑一年，并处罚金人民币60000元；被告人李某犯生产、销售不符合卫生标准的食品罪，判处有期徒刑八个月，缓刑一年，并处罚金人民币55000元。

第四节　食品检验

食品检验，是指食品检验机构根据有关国家标准，对食品原料、辅助材料的质量和安全性进行的检验。运用检验手段严加监管，是确保食品安全的重要技术支撑。

一、确保食品检验机构的验证公正准确

我国食品安全法特别重视规范食品检验工作，将与食品安全有关的食品检验方法与规程列为食品安全标准的一项重要内容。为了保证检验结果的客观、公正，食品安全法明确了对食品检验机构资质条件的规定，以及对检验结果负责制的规定，并特别突出了对检验人的要求。

（一）对食品检验机构资质条件的规定

食品检验机构按照国家有关认证认可的规定取得资质认定后，方可从事食品检验活动，法律另有规定的除外。食品检验机构的资质认定条件和检验规范，由国务院食品药品监督管理部门规定。

（二）检验结果负责制

食品检验由食品检验机构指定的检验人独立进行。检验人应当依照有关法律、法规的规定，并按照食品安全标准和检验规范对食品进行检验，尊重科学，恪守职

业道德，保证出具的检验数据和结论客观、公正，不得出具虚假检验报告。

（三）对检验人的要求

食品检验实行食品检验机构与检验人负责制。食品检验报告应当加盖食品检验机构公章，并有检验人的签名或者盖章。食品检验机构和检验人对出具的食品检验报告负责。

二、食品检验的内容

食品检验的意义在于尽早地发现问题、消除食品安全隐患。如果只依赖监管部门在上市后进行检验，就难以有效防控食品安全风险。所以，食品检验应该贯穿食品安全生产流通的全过程。

（一）对食品原料的检验

食用农产品批发市场是食品原料的重要输出窗口，应当配备检验设备和检验人员或者委托符合食品安全法规定的食品检验机构，对进入该批发市场销售的食用农产品进行抽样检验；发现不符合食品安全标准的，应当要求销售者立即停止销售，并向食品药品监督管理部门报告。

食品生产者采购食品原料、食品添加剂、食品相关产品，应当查验供货者的许可证和产品合格证明；对无法提供合格证明的食品原料，应当按照食品安全标准进行检验；不得采购或者使用不符合食品安全标准的食品原料、食品添加剂、食品相关产品。食品生产企业应当建立食品原料、食品添加剂、食品相关产品进货查验记录制度，如实记录食品原料、食品添加剂、食品相关产品的名称、规格、数量、生产日期或者生产批号、保质期、进货日期以及供货者名称、地址、联系方式等内容，并保存相关凭证。记录和凭证保存期限不得少于产品保质期满后六个月；没有明确保质期的，保存期限不得少于二年。

食用农产品批发市场和食品生产企业可以自行对所生产的食品进行检验，也可以委托有合法资质的食品检验机构进行检测。

（二）对食品上市后的检验

县级以上人民政府食品药品监督管理部门应当对食品进行定期或者不定期的抽样检验，并依据有关规定公布检验结果，不得免检。进行抽样检验，应当购买抽取的样品，委托符合食品安全法规定的食品检验机构进行检验，并支付相关费用；不得向食品生产经营者收取检验费和其他费用。

（三）对食品事故食品的检验

县级以上人民政府食品药品监督管理部门接到食品安全事故的报告后，应当立即会同同级卫生行政、质量监督、农业行政等部门进行调查处理，并采取下列措施，防止或者减轻社会危害：开展应急救援工作，组织救治因食品安全事故导致人身伤害的人员；封存可能导致食品安全事故的食品及其原料，并立即进行检验；对确认属于被污染的食品及其原料，责令食品生产经营者依照食品安全法的规定召回或者停止经营；封存被污染的食品相关产品，并责令进行清洗消毒；做好信息发布工作，依法对食品安全事故及其处理情况进行发布，并对可能产生的危害加以解释、说明。

发生食品安全事故需要启动应急预案的，县级以上人民政府应当立即成立事故处置指挥机构，启动应急预案，依照上述和应急预案的规定进行处置。

发生食品安全事故，县级以上疾病预防控制机构应当对事故现场进行卫生处理，并对与事故有关的因素开展流行病学调查，有关部门应当予以协助。县级以上疾病预防控制机构应当向同级食品药品监督管理、卫生行政部门提交流行病学调查报告。

三、对检查结果有异议的救济

食品药品监督管理部门在进行抽样检验时，若食品生产经营企业对检验结论有异议，可以自收到检验结论之日起七个工作日内向实施抽样检验的食品药品监督管理部门或者其上一级食品药品监督管理部门提出复检申请，由受理复检申请的食品药品监督管理部门在公布的复检机构名录中随机确定复检机构进行复检。复检机构出具的复检结论为最终检验结论。复检机构与初检机构不得为同一机构。复检机构名录由国务院认证认可监督管理、食品药品监督管理、卫生行政、农业行政等部门共同公布。

采用国家规定的快速检测方法对食用农产品进行抽查检测，被抽查人对检测结果有异议的，可以自收到检测结果时起四小时内申请复检。复检不得采用快速检测方法。

 以案释法 16

消费者对食品举报处理不服告工商所案

方某于2014年11月25日在物美超市购买了6瓶超市价格标签为 AOC 的红葡萄酒，花费人民币1728元，该超市购货小票也标明是 AOC 红葡萄酒。但方某出了超市后发现这些葡萄酒的包装上标注的品名是 MQ 红葡萄酒，与超市标注的名称不符。据方某了解，AOC 商标是中国驰名商标，方某当时购买该酒就是冲着这个品牌才买的，但该超市将不是 AOC 的葡萄酒标注为 AOC 葡萄酒，属于利用价格标签欺诈误导消费者。方某遂向工商所进行了投诉，并亲自带着该工商所工作人员来到该超市查看，该所工作人员在超市货柜上看到有许多其他葡萄酒价格标签上打着 AOC 字样，该所工作人员进行了拍照取证。但该工商所却在2014年12月29日向方某送达一份书面告知书，称物美超市手续齐全，立案证据不足。方某遂要求查看手续，并对工商所持有的物美超市提供的涉案葡萄酒的出入境检验检疫卫生证书、海关进口货物报关单拍照保存，发现卫生证书内容模糊不清，报关单上的商品名称是MQ红葡萄酒，进口日期是2012年7月31日，申报日期是2012年8月2日，签发日期是8月14日，但方某在物美超市购买的涉案红葡萄酒生产日期是2012年11月20日。方某认为工商所在此情况下认为物美超市手续齐全没有事实根据，严重违反了《食品药品行政处罚程序规定》第二十二条规定，办案人员应当依法收集与案件有关的证据。《中华人民共和国行政处罚法》第三条规定，公民、法人或者其他组织违反行政管理秩序的行为，应当给予行政处罚的，依照本法由法律、法规或者规章规定，并由行政机关依照本法规定的程序实施。《中华人民共和国反不正当竞争法》第九条规定，经营者不得利用广告或者其他方法，对商品的质量、制作成分、性能、用途、生产者、有效期限、产地等作引人误解的虚假宣传。《中华人民共和国反不正当竞争法》第二十四条、《中华人民共和国消费者权益保护法》第五十六条规定了虚假宣传的法律责任。由此，方某不服，向法院起诉要求撤销该工商所对方某投诉作出的告知书，对物美超市重新依法作出处理。

 释解

我国商标法第六十一条规定："对侵犯注册商标专用权的行为，工商行政管理部门有权依法查处；涉嫌犯罪的，应当及时移送司法机关依法处理。"《工商行政管理机关行政处罚程序规定》第六条第一款规定："县（区）、市（地、州）工商行政管理机关依职权管辖本辖区内发生的案件。"《食品药品行政处罚程序规定》第二条规定："食品药品监督管理部门对违反食品、保健食品、药品、化妆品、医疗器械管理法律、法规、规章的单位或者个人实施行政处罚，应当遵照本规定。"

本案中，该工商所是主管该区全区工商行政管理、质量技术监督、食品药品监督管理的区政府工作部门。方某认为其购买的红葡萄酒存在商标假冒的违法行为，向该工商所投诉，根据上述规定，该工商所具有依法查处的法定职权。案涉红葡萄酒系AOC公司生产，且物美超市出具了相应的购货资料，可以证明其来源的合法性，物美超市在价格标签和购物单据上关于商品名称的标注虽然与案涉商品包装上标注的品名有一定差别，但所记载的信息是案涉商品的相关真实信息，方某关于商标假冒的投诉缺乏基本的事实证据，该工商所作出不予立案的处理决定并无不当。

《工商行政管理机关行政处罚程序规定》第十七条规定："工商行政管理机关应当自收到投诉、申诉、举报、其他机关移送、上级机关交办的材料之日起七个工作日内予以核查，并决定是否立案；特殊情况下，可以延长至十五个工作日内决定是否立案。"第十九条规定："对于不予立案的投诉、举报、申诉，经工商行政管理机关负责人批准后，由办案机构将结果告知具名的投诉人、申诉人、举报人。工商行政管理机关应当将不予立案的相关情况作书面记录留存。"该工商所在接到方某投诉之后，及时开展了相关核查活动，在决定不予立案后，将决定内容书面告知方某，该工商所作出的处理决定程序合法。据此，法院判决驳回方某的诉讼请求。

第五节　食品进出口

随着经济全球化的发展，我国食品市场得到了巨大发展，越来越多的人喜欢买进口食品、进口水果、进口蔬菜甚至是进口化妆品等，但是进口食品也不是全部都是安全的，也需要严格的监督和管理。

一、进口食品的管理

在我国，由国家出入境检验检疫部门对进出口食品安全实施监督管理。

进口的食品、食品添加剂、食品相关产品应当符合我国食品安全国家标准。进口的食品、食品添加剂应当经出入境检验检疫机构依照进出口商品检验相关法律、行政法规的规定检验合格。进口的食品、食品添加剂应当按照国家出入境检验检疫部门的要求随附合格证明材料。

进口尚无食品安全国家标准的食品，由境外出口商、境外生产企业或者其委托的进口商向国务院卫生行政部门提交所执行的相关国家（地区）标准或者国际标准。国务院卫生行政部门对相关标准进行审查，认为符合食品安全要求的，决定暂予适用，并及时制定相应的食品安全国家标准。进口利用新的食品原料生产的食品或者进口食品添加剂新品种、食品相关产品新品种，依照食品安全法的规定办理。

出入境检验检疫机构按照国务院卫生行政部门的要求，对上述规定的食品、食品添加剂、食品相关产品进行检验。检验结果应当公开。

境外发生的食品安全事件可能对我国境内造成影响，或者在进口食品、食品添加剂、食品相关产品中发现严重食品安全问题的，国家出入境检验检疫部门应当及时采取风险预警或者控制措施，并向国务院食品药品监督管理、卫生行政、农业行政部门通报。接到通报的部门应当及时采取相应措施。

进口的预包装食品、食品添加剂应当有中文标签；依法应当有说明书的，还应当有中文说明书。标签、说明书应当符合食品安全法以及我国其他有关法律、行政法规的规定和食品安全国家标准的要求，并载明食品的原产地以及境内代理商的名称、地址、联系方式。预包装食品没有中文标签、中文说明书或者标签、说明书不符合规定的，不得进口。

进口商应当建立食品、食品添加剂进口和销售记录制度，如实记录食品、食品添加剂的名称、规格、数量、生产日期、生产或者进口批号、保质期、境外出口商和购货者名称、地址及联系方式、交货日期等内容，并保存相关凭证。

二、出口食品的管理

出口食品生产企业应当保证其出口食品符合进口国（地区）的标准或者合同要求。出口食品生产企业和出口食品原料种植、养殖场应当向国家出入境检验检疫部门备案。

国家出入境检验检疫部门应当收集、汇总下列进出口食品安全信息，并及时通报相关部门、机构和企业：出入境检验检疫机构对进出口食品实施检验检疫发现的食品安全信息；食品行业协会和消费者协会等组织、消费者反映的进口食品安全信息；国际组织、境外政府机构发布的风险预警信息及其他食品安全信息，以及境外食品行业协会等组织、消费者反映的食品安全信息；其他食品安全信息。

国家出入境检验检疫部门应当对进出口食品的进口商、出口商和出口食品生产企业实施信用管理，建立信用记录，并依法向社会公布。对有不良记录的进口商、出口商和出口食品生产企业，应当加强对其进出口食品的检验检疫。

 以案释法 17

销售明知是不符合食品安全标准的食品案

张某于2014年11月9日在某公司购买了原产国为加拿大的 NF 自然辅酶 Q10 软胶囊5瓶（50ml/ 片×60粒），单价148元，商品总金额740元。张某以涉案产品很明显是不符合食品安全法为由起诉该公司。张某认为涉案产品违反了食品安全法第三十四条第（一）项，禁止用非食品原料生产的食品或者添加食品添加剂以外的化学物质和其他可能危害人体健康物质的食品为由起诉；同时辅酶 Q10 在我国没有相关的国家、行业产品标准，该类产品应当得到国务院卫生行政部门的许可后才能进口，而涉案产品未经安全性评估，违反了产品安全法和进出口产品安全管理办法相关规定。

 释解

根据食品安全法第九十二条第一款规定，进口的食品、食品添加剂、食品相关产品应当符合我国食品安全国家标准。涉案产品所含的辅酶 Q10，《中华人民共和国药典》将其归属于"辅酶类药"，将含有辅酶 Q10 的案涉产品当作普通食品进行销售，违反了上述禁止性规定。即使在需要经过国家行政机关批准许可的保健品中添加辅酶 Q10也有着严格的限制，如每日推荐量、标明不适宜人群以及注意事项等。虽涉案产品经过国家检验检疫机构检测并发放卫生证书，但并不代表其就符合我国食品安全方面的法律规定。

食品安全法第一百四十八条第二款规定："生产不符合食品安全标准的食品或者经营明知是不符合食品安全标准的食品，消费者除要求赔偿损失外，还可以向生产者或者经营者要求支付价款十倍或者损失三倍的赔偿金；增加赔偿的金额不足一千元的，为一千元。但是，食品的标签、说明书存在不影响食品安全且不会对消费者造成误导的瑕疵的除外。"

据此，该公司应向张某退还货款740元。此外，该公司还应向张某支付赔偿金7400元。或者支付损失三倍的赔偿金的惩罚性赔偿。

第六节　食品安全事故处置

一、食品安全事故概念

1995年的食品卫生法主要采用了食物中毒的概念。食物中毒是指摄入了含有生物性、化学性有毒有害物质的食品或把有毒有害物质当作食品摄入后出现的非传染性急性、亚急性疾病。我国加入世界贸易组织以后，为适应与国际接轨的需要，食物中毒的概念逐渐向食源性疾病的概念转移。食品安全法未直接使用食物中毒的概念，而是采用了比食物中毒范围更广的食品安全事故概念。这表明我国对食品安全问题，不再仅局限于急性或亚急性的食物中毒，对因食物引起的食源性疾病、食品污染事件同样予以规范。

食品安全事故，指食物中毒、食源性疾病、食品污染等源于食品，对人体健康有危害或者可能有危害的事故食品安全事故。食源性疾病，指食品中致病因素进入人体引起的感染性、中毒性等疾病。

二、企业预防食品安全事故办法

食品生产经营企业应当制定食品安全事故处置方案，定期检查本企业各项食品安全防范措施的落实情况，及时消除事故隐患。

食品生产经营者应当建立食品安全自查制度，定期对食品安全状况进行检查评价。生产经营条件发生变化，不再符合食品安全要求的，食品生产经营者应当立即采取整改措施；有发生食品安全事故潜在风险的，应当立即停止食品生产经营活动，并向所在地县级人民政府食品药品监督管理部门报告。

三、政府预防食品安全事故措施

国务院组织制定国家食品安全事故应急预案。县级以上地方人民政府应当根据有关法律、法规的规定和上级人民政府的食品安全事故应急预案以及本行政区域的实际情况，制定本行政区域的食品安全事故应急预案，并报上一级人民政府备案。食品安全事故应急预案应当对食品安全事故分级、事故处置组织指挥体系与职责、预防预警机制、处置程序、应急保障措施等作出规定。食品生产经营企业应当制定食品安全事故处置方案，定期检查本企业各项食品安全防范措施的落实情况，及时消除事故隐患。

县级以上人民政府食品药品监督管理部门接到食品安全事故的报告后，应当立即会同同级卫生行政、质量监督、农业行政等部门进行调查处理，并采取下列措施，防止或者减轻社会危害：

第一，开展应急救援工作，组织救治因食品安全事故导致人身伤害的人员。

第二，封存可能导致食品安全事故的食品及其原料，并立即进行检验；对确认属于被污染的食品及其原料，责令食品生产经营者依照食品安全法的规定召回或者停止经营。

第三，封存被污染的食品相关产品，并责令进行清洗消毒。

第四，做好信息发布工作，依法对食品安全事故及其处理情况进行发布，并对可能产生的危害加以解释、说明。

发生食品安全事故需要启动应急预案的，县级以上人民政府应当立即成立事故处置指挥机构，启动应急预案，依照前款和应急预案的规定进行处置。

发生食品安全事故，县级以上疾病预防控制机构应当对事故现场进行卫生处理，并对与事故有关的因素开展流行病学调查，有关部门应当予以协助。县级以上疾病预防控制机构应当向同级食品药品监督管理、卫生行政部门提交流行病学调查报告。

四、食品安全事故应急预案内容

为有效预防、积极应对、及时控制突发食品安全事故，确保在遇到突发食品安全事故时能高效、有序地开展救援工作，最大限度地减少对人员造成伤害，保证人员的身体健康，依照我国食品安全法有关规定，应制定食品安全事故应急预案，具体内容应包括：食品安全事故分级、事故处置组织指挥体系与职责、预防预警机制、处置程序、应急保障措施等。

第七节　监督管理

食品安全法明确建立了最严格的全过程的监管制度，对食品生产、流通、餐饮服务和食用农产品销售等各个环节，食品生产经过程中涉及的食品添加剂、食品相关产品的监管、网络食品交易等新兴的业态，还有生产经营中过程控制的管理制度，都进行了细化和完善，进一步强调了食品生产经营者的主体责任和监管部门的管理责任。

一、设立风险分级管理

（一）监管事项

监管部门根据食品安全风险监测、风险评估结果和食品安全状况等，确定监督管理的重点、方式和频次，实施风险分级管理。

县级以上地方人民政府组织本级食品药品监督管理、质量监督、农业行政等部门制定本行政区域的食品安全年度监督管理计划，向社会公布并组织实施。

食品安全年度监督管理计划应当将下列事项作为监督管理的重点：

第一，专供婴幼儿和其他特定人群的主辅食品。

第二，保健食品生产过程中的添加行为和按照注册或者备案的技术要求组织生产的情况，保健食品标签、说明书以及宣传材料中有关功能宣传的情况。

第三，发生食品安全事故风险较高的食品生产经营者。

第四，食品安全风险监测结果表明可能存在食品安全隐患的事项。

（二）监管措施

监管部门履行各自食品安全监督管理职责，有权采取下列措施，对生产经营者遵守食品安全法的情况进行监督检查：

第一，进入生产经营场所实施现场检查。

第二，对生产经营的食品、食品添加剂、食品相关产品进行抽样检验。

第三，查阅、复制有关合同、票据、账簿以及其他有关资料。

第四，查封、扣押有证据证明不符合食品安全标准或者有证据证明存在安全隐患以及用于违法生产经营的食品、食品添加剂、食品相关产品。

第五，查封违法从事生产经营活动的场所。

二、设立临时限量值和临时检验方法

对食品安全风险评估结果证明食品存在安全隐患，需要制定、修订食品安全标准的，在制定、修订食品安全标准前，国务院卫生行政部门应当及时会同国务院有关部门规定食品中有害物质的临时限量值和临时检验方法，作为生产经营和监督管理的依据。

三、完善复检制度

被抽检食品生产经营者对检验结论有异议的，食品生产经营者可以自收到检验结论之日起七个工作日内向实施抽样检验的食品药品监督管理部门或者其上一级食品药品监督管理部门提出复检申请，由受理复检申请的食品药品监督管理部门在公布的复检机构名录中随机确定复检机构进行复检。复检机构出具的复检结论为最终检验结论。复检机构与初检机构不得为同一机构。复检机构名录由国务院认证认可监督管理、食品药品监督管理、卫生行政、农业行政等部门共同公布。

采用国家规定的快速检测方法对食用农产品进行抽查检测，被抽查人对检测结果有异议的，可以自收到检测结果时起四小时内申请复检。复检不得采用快速检测方法。

四、建立食品安全信息统一公布制度

国家建立统一的食品安全信息平台，实行食品安全信息统一公布制度。国家食品安全总体情况、食品安全风险警示信息、重大食品安全事故及其调查处理信息和国务院确定需要统一公布的其他信息由国务院食品药品监督管理部门统一公布。食品安全风险警示信息和重大食品安全事故及其调查处理信息的影响限于特定区域的，也可以由有关省、自治区、直辖市人民政府食品药品监督管理部门公布。未经授权不得发布上述信息。

县级以上人民政府食品药品监督管理、质量监督、农业行政部门依据各自职责公布食品安全日常监督管理信息。

公布食品安全信息，应当作到准确、及时，并进行必要的解释说明，避免误导消费者和社会舆论。

五、追究食品安全刑事责任

对于监管部门发现涉嫌食品安全犯罪的，应当按照有关规定及时将案件移送公安机关。对移送的案件，公安机关应当及时审查；认为有犯罪事实需要追究刑事责任的，应当立案侦查。公安机关在食品安全犯罪案件侦查过程中认为没有犯罪事实，或者犯罪事实显著轻微，不需要追究刑事责任，但依法应当追究行政责任的，应当及时将案件移送食品药品监督管理、质量监督等部门和监察机关，有关部门应当依法处理。这充分地体现了修改后的食品安全法最严厉处罚的原则，有利于迅速有效地惩治犯罪，预防犯罪。

第八节　相关法律责任

食品安全法用严谨的标准、严格的监管、严厉的处罚、严肃的问责，体现了对食品安全违法行为严惩重处的原则。就法律责任的设置，主要表现在强化了对违反食品安全法的刑事责任、行政责任和民事责任的追究。

一、违反食品安全法的刑事责任

刑法以强制手段保护人民的利益，同时也为其他部门法的正常运行提供保障。我国现行的食品安全法主要在两方面强化了对食品安全刑事责任的追究：

（一）对部分危害严重的食品安全违法行为首先应对违法行为进行判断

对非法添加化学物质、经营病死畜禽、生产经营有害物质超过标准限量的食品等违法行为是否构成犯罪进行判断，对于涉嫌构成犯罪的，要坚决移送公安机关，追究刑事责任；对于不构成犯罪的，再按照食品安全法的规定予以行政处罚。这充

分体现了中央政府要求严惩重处食品安全违法犯罪的要求，回应了社会的关切。同时，为强化食品安全违法犯罪的惩戒，食品安全法规定，因食品安全犯罪被判处有期徒刑以上刑罚的，还终身不得从事食品生产经营管理工作。

（二）进一步完善了行刑衔接机制

县级以上人民政府食品药品监督管理、质量监督等部门发现涉嫌食品安全犯罪的，应当按照有关规定及时将案件移送公安机关。对移送的案件，公安机关应当及时审查；认为有犯罪事实需要追究刑事责任的，应当立案侦查。

公安机关在食品安全犯罪案件侦查过程中认为没有犯罪事实，或者犯罪事实显著轻微，不需要追究刑事责任，但依法应当追究行政责任的，应当及时将案件移送食品药品监督管理、质量监督等部门和监察机关，有关部门应当依法处理。

公安机关商请食品药品监督管理、质量监督、环境保护等部门提供检验结论、认定意见以及对涉案物品进行无害化处理等协助的，有关部门应当及时提供，予以协助。

二、违反食品安全法的行政责任

一部法律中设定法律责任不仅是立法技术上的需要，更为重要的是为了保证该法能够更好地贯彻实施。在当前社会大环境下，食品生产经营者对法律义务的履行，必须要依靠法律责任来作为保障性手段。我国食品安全法在以下五方面着重强化了对行政法律责任的追究：

（一）行政拘留的处罚

针对一些食品安全违法者往往有一种"不怕罚，就怕关"的心理特点，食品安全法对违法添加非食用物质，经营病死畜禽，违法使用剧毒、高毒农药等屡禁不止的严重违法行为，增设了行政拘留的处罚。

（二）行政罚款的额度

如对生产经营添加药品的食品，生产经营未按规定注册的保健食品、特殊医学用途配方食品、婴幼儿配方乳粉等违法行为，食品安全法规定最高可并处货值金额十倍以上二十倍以下罚款。

（三）对重复违法行为的处罚

针对多次、重复被处罚而不改正的问题，食品安全法要求食品药品监管部门对在一年内累计三次因违反食品安全法规定受到责令停产停业、吊销许可证以外处罚的，由食品药品监督管理部门责令停产停业，直至吊销许可证。

（四）对非法提供场所行为的处罚

为强化源头监管、全程监管，对明知从事无证生产经营或者违法添加非食用物质等违法行为，仍为其提供生产经营场所或者其他条件的，由县级以上人民政府食品药品监督管理部门责令停止违法行为，没收违法所得，并处五万元以上十万元以下罚款；使消费者的合法权益受到损害的，应当与食品、食品添加剂生产经营者承担连带责任。

（五）检验机构和认证机构法律责任

违反食品安全法规定，食品检验机构、食品检验人员出具虚假检验报告的，由授予其资质的主管部门或者机构撤销该食品检验机构的检验资质，没收所收取的检验费用，并处检验费用五倍以上十倍以下罚款，检验费用不足一万元的，并处五万元以上十万元以下罚款；依法对食品检验机构直接负责的主管人员和食品检验人员给予撤职或者开除处分；导致发生重大食品安全事故的，对直接负责的主管人员和食品检验人员给予开除处分。

违反食品安全法规定，受到开除处分的食品检验机构人员，自处分决定作出之日起十年内不得从事食品检验工作；因食品安全违法行为受到刑事处罚或者因出具虚假检验报告导致发生重大食品安全事故受到开除处分的食品检验机构人员，终身不得从事食品检验工作。食品检验机构聘用不得从事食品检验工作的人员的，由授予其资质的主管部门或者机构撤销该食品检验机构的检验资质。

食品检验机构出具虚假检验报告，使消费者的合法权益受到损害的，应当与食品生产经营者承担连带责任。

三、违反食品安全法的民事责任

有了刑事责任、行政责任的双重保障后，民事责任作为一种补偿性责任，则主要发挥其对受害人物质上的救济与赔偿的作用，我国食品安全法主要在以下几点中强化了对食品安全民事责任的追究：

（一）消费者赔偿首负责任制

消费者因不符合食品安全标准的食品受到损害的，可以向经营者要求赔偿损失，也可以向生产者要求赔偿损失。接到消费者赔偿要求的生产经营者，应当实行首负责任制，先行赔付，不得推诿；属于生产者责任的，经营者赔偿后有权向生产者追偿；属于经营者责任的，生产者赔偿后有权向经营者追偿。

（二）惩罚性赔偿制度

生产不符合食品安全标准的食品或者经营明知是不符合食品安全标准的食品，消费者除要求赔偿损失外，还可以向生产者或者经营者要求支付价款十倍或者损失三倍的赔偿金；增加赔偿的金额不足一千元的，为一千元。但是，食品的标签、说明书存在不影响食品安全且不会对消费者造成误导的瑕疵的除外。

（三）民事连带责任

食品安全法对集中交易市场的开办者等规定了连带责任，同时，对网络食品交易第三方平台提供者等未履行法定义务，食品检验机构出具虚假检验报告，认证机构出具虚假认证结论，使消费者合法权益受到损害的，也要求其与生产经营者承担连带责任。

（四）编造散布虚假食品安全信息的民事责任

媒体编造、散布虚假食品安全信息的，由有关主管部门依法给予处罚，并对直接负责的主管人员和其他直接责任人员给予处分；使公民、法人或者其他组织的合法权益受到损害的，依法承担消除影响、恢复名誉、赔偿损失、赔礼道歉等民事责任。

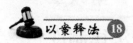 以案释法 18

超市销售已过保质期食品案

2014年11月，某县食品药品监管局执法人员在其辖区内开展日常监督检查时，发现张某所经营的超市中调味料酒、肉香肠等5种食品已经超过保质期，但仍然放置于其经营场所的货架上。执法人员当即制作了现场检查笔录，对超过保质期的食品采取了查封扣押的行政措施，并以违反食品安全法有关规定为由，对该超市出售过期食品的行为进行了立案查处。

 释解

食品安全法第五十四条第一款规定，食品经营者应当按照保证食品安全的要求贮存食品，定期检查库存食品，及时清理变质或者超过保质期的食品。第一百二十六条规定，有下列情形之一的，由县级以上人民政府食品药品监督管理部门责令改正，给予警告；拒不改正的，处五千元以上五万元以下罚款；情节严重的，责令停产停业，直至吊销许可证：食品、食品添加剂生产者未按规定对采购的食品原料和生产的食品、食品添加剂进行检验；食品经营者未按规定要求销售食品；食品生产经营者未定期对食品安全状况进行检查评价，或者生产经营条件发生变化，未按规定处理。

本案中，张某所经营的超市货架上出现超过保质期食品，是因为张某未履行定期检查食品的清查义务，对超过保质期的食品未及时清理下架，其行为违反了上述规定，应由县级以上人民政府食品药品监督管理部门依法处理。

第六章
粮食企业安全生产法律制度

发展是第一要务,安全是第一责任。安全生产关系到人民群众的生命财产安全,关系改革开放和社会稳定大局。近几年,食品安全事故频发,从东莞简仓储存大豆火灾事故到金湖粮库9.13较大中毒事故再到吉林简易混凝土粮囤坍塌事故,无不体现出我国目前粮食安全生产还存在着些微问题,我国对此十分重视,积极采取措施,2014年8月31日,第十二届全国人大常委会第十次会议审议并表决通过了《全国人民代表大会常务委员会关于修改〈中华人民共和国安全生产法〉的决定》,自2014年12月1日起施行。这是现行安全生产法颁布十余年来所作的一次较为全面、重大的修改,也是我国安全生产法制建设中具有里程碑意义的一件大事,对进一步防止和减少生产安全事故,保障人民群众生命安全必将发挥重要作用。

第一节 安全生产保障

基础不牢,安全不保。能否真正实现安全生产,关键要看生产经营单位的基础牢不牢,也就是生产经营单位是否做好了安全生产基本工作,是否符合法律要求安全生产。目前大多数的粮食事故都是因为粮食生产经营单位的基础工作不到位才发生的,新安全生产法确立了安全保障制度,对生产经营活动的安全保障实施全面的法律调整,主要包括生产经营单位的安全生产投入、安全管理机构和人员配置、安全培训、安全设施和设备管理、重大危险源监控、现场作业安全管理等内容,全方面地保障了粮食生产经营活动的安全进行。

一、安全生产投入

安全生产，是指在生产经营活动中，为了避免造成人员伤害和财产损失的事故而采取相应的事故预防和控制措施，使生产过程在符合规定的条件下进行，以保证从业人员的人身安全与健康，设备和设施免受损坏，环境免遭破坏，保证生产经营活动得以顺利进行的相关活动。

安全生产投入，是指投入安全生产活动的一切人力、物力和财力的总和。生产经营单位应当具备的安全生产条件所必需的资金投入，由生产经营单位的决策机构、主要负责人或者个人经营的投资人予以保证，并对由于安全生产所必需的资金投入不足导致的后果承担责任。安全生产资金投入不足导致的后果是指因资金投入不足，是生产经营单位不具备安全生产的条件，导致生产安全事故发生没造成人员伤亡和财产的损失。

粮食生产经营单位应当按照规定提取和使用安全生产费用，专门用于改善安全生产条件。安全生产费用在成本中应据实列支。

二、安全管理机构和人员配置

安全管理机构和人员配置是安全保障制度的重要内容之一。目前，我国一些粮食生产经营单位因管理不当而频繁出现问题，归根结底是其组织性不强，缺乏安全管理机构甚至是人员配置不当。因此为了防止粮食安全生产管理混乱和安全事故的发生，设置安全管理机构和人员配置十分必要，这也是加强粮食企业安全生产基础工作的重要环节。新安全生产法进一步明确和完善了相关规定，同时也对生产经营单位安全生产管理组织保障及违法责任追究做出了相应的规定。

（一）安全管理机构和人员的强制性规定

安全生产法关于安全生产管理机构和安全生产管理人员配置的规定，是义务性、强制性的规定，生产经营单位必须依法履行，因此，对于粮食生产经营单位也做了具体的规定，即粮食生产经营单位的从业人员超过一百人的，应当设置安全生产管理机构或者配备专职安全生产管理人员；从业人员在一百人以下的，应当配备专职或者兼职的安全生产管理人员。

（二）安全管理机构和人员的法定职责和要求

粮食安全生产管理机构和安全生产管理人员担负着安全生产管理的重任，必须明确他们的法定职责。粮食生产经营单位的安全生产管理机构以及安全生产管理人员履行下列职责：

第一，组织或者参与拟订本单位安全生产规章制度、操作规程和生产安全事故应急救援预案。

第二，组织或者参与本单位安全生产教育和培训，如实记录安全生产教育和培训情况。

第三，督促落实本单位重大危险源的安全管理措施。

第四，组织或者参与本单位应急救援演练。

第五，检查本单位的安全生产状况，及时排查生产安全事故隐患，提出改进安全生产管理的建议。

第六，制止和纠正违章指挥、强令冒险作业、违反操作规程的行为。

第七，督促落实本单位安全生产整改措施。

粮食生产经营单位的安全生产管理机构以及安全生产管理人员应当恪尽职守，依法履行职责。粮食生产经营单位作出涉及安全生产的经营决策，应当听取安全生产管理机构以及安全生产管理人员的意见。粮食生产经营单位不得因安全生产管理人员依法履行职责而降低其工资、福利等待遇或者解除与其订立的劳动合同。

此外，还要对粮食生产经营单位从业人员进行安全生产教育和培训，保证从业人员具备粮食的安全生产的必要知识，熟悉有关粮食的安全生产规章制度和安全操作规程，掌握本岗位的安全操作技能，了解粮食事故应急处理措施，知悉自身在安全生产方面的权利和义务。未经安全生产教育和培训合格的从业人员，不得上岗作业。

三、安全设施和设备管理

粮食生产经营单位除了设置安全管理机构和人员配置，还应具有相应的安全设施和设备管理制度，以此来提高安全指数，全面有效地保障生产经营。我国安全生产法做了如下规定：

第一，安全设备的设计、制造、安装、使用、检测、维修、改造和报废，应当符合国家标准或者行业标准。生产经营单位必须对安全设备进行经常性维护、保养，并定期检测，保证正常运转。维护、保养、检测应当作好记录，并由有关人员签字。

第二，生产经营单位使用的危险物品的容器、运输工具，以及涉及人身安全、危险性较大的特种设备，必须按照国家有关规定，由专业生产单位生产，并经具有专业资质的检测、检验机构检测、检验合格，取得安全使用证或者安全标志，方可投入使用。检测、检验机构对检测、检验结果负责。

第三，国家对严重危及生产安全的设备实行淘汰制度，具体目录由国务院安全生产监督管理部门会同国务院有关部门制定并公布。法律、行政法规对目录的制定另有规定的，适用其规定。

省、自治区、直辖市人民政府可以根据本地区实际情况制定并公布具体目录，对前款规定以外的危及生产安全的设备予以淘汰。

生产经营单位不得使用应当淘汰的危及生产安全的设备。

四、重大危险源监控

各种危险物品和重大危险源是引发粮食生产安全事故的重要因素。了解粮食安全生产的各个环节中可能触及的危险物品和重大危险源，加强日常安全管理和重点监控，是粮食安全生产保障的重要内容。

（一）对危险物品的安全管理

危险物品，是指易燃易爆物品、危险化学品、放射性物品等能够危及人身安全和财产安全的物品。

目前安全生产法规定，生产、经营、运输、储存、使用危险物品或者处置废弃危险物品的，由有关主管部门依照有关法律、法规的规定和国家标准或者行业标准审批并实施监督管理。

粮食生产经营单位要了解粮食生产、经营、运输、储存等环节中可能触及的危险物品并制定相应措施，建立专门针对危险物品的安全管理制度，和可靠的安全措施，并接受有关主管部门依法实施的监督管理。

（二）对重大危险源的监控

重大危险源，是指长期地或者临时地生产、搬运、使用或者储存危险物品，且危险物品的数量等于或者超过临界量的单元（包括场所和设施）。

粮食生产经营单位对重大危险源应实施及时、有效的监控。主要做到以下两点：

1. 对重大危险源登记建档

生产经营单位对重大危险源应登记建档，进行定期检测、评估、监控，并制定应急预案，告知从业人员和相关人员在紧急情况下应当采取的应急措施。如果生产经营单位违反上述规定，对重大危险源未登记建档，或者未进行评估、监控，或者未制定应急预案的，将受到行政处罚或者刑事处罚。生产经营单位应当根据自身的实际需要，建立符合自身发展的重大危险源监控管理制度，并采取有效措施进行严格监控以防止重大事故的发生。

2. 建立重大危险源备案制度

生产经营单位应当按照国家有关规定将本单位重大危险源及有关安全措施、应急措施报有关地方人民政府安全生产监督管理部门和有关部门备案。建立重大危险源备案制度，有利于政府安全生产监督管理部门和有关部门全面系统地掌握各个生产经营单位的重大危险源的具体内容，对各生产单位进行及时、有效的监管，各生产经营单位应依法履行备案义务。

五、现场安全作业管理

作业现场是安全事故发生的主要地点，因此，有必要对现场作业进行安全管理，以避免安全事故的发生。我国安全生产法对现场作业的安全管理主要做了以下几点规定：

第一，生产、经营、储存、使用危险物品的车间、商店、仓库不得与员工宿舍在同一座建筑物内，并应当与员工宿舍保持安全距离。生产经营场所和员工宿舍应当设有符合紧急疏散要求、标志明显、保持畅通的出口。禁止锁闭、封堵生产经营场所或者员工宿舍的出口。

第二，生产经营单位进行爆破、吊装以及国务院安全生产监督管理部门会同国务院有关部门规定的其他危险作业，应当安排专门人员进行现场安全管理，确保操作规程的遵守和安全措施的落实。

第三，生产经营单位的安全生产管理人员应当根据本单位的生产经营特点，对安全生产状况进行经常性的检查；对检查中发现的安全问题，应当立即处理；暂不能处理的，应当及时报告本单位有关负责人；且检查及处理情况应当记录在案。生产经营单位的安全生产管理人员在检查中发现重大事故隐患时，应依照前款规定向本单位有关负责人报告；有关负责人不及时处理的，安全生产管理人员可以向主管的负有安全生产监督管理职责的部门报告；接到报告的部门，应当依法及时处理。

同时，生产经营单位还应当建立健全生产安全事故隐患排查治理制度，采取技术、管理措施，及时发现并消除事故隐患。事故隐患排查治理情况应当如实记录，并向从业人员通报。县级以上地方各级人民政府负有安全生产监督管理职责的部门应当建立健全重大事故隐患治理督办制度，督促生产经营单位消除重大事故隐患。

第四，生产经营单位不得将生产经营项目、场所、设备发包或者出租给不具备安全生产条件或者相应资质的单位或者个人。

生产经营项目、场所发包或者出租给其他单位的，生产经营单位应当与承包单位、承租单位签订专门的安全生产管理协议，或者在承包合同、租赁合同中约定各自的安全生产管理职责；生产经营单位对承包单位、承租单位的安全生产工作统一协调、管理，定期进行安全检查，发现安全问题的，应当及时督促整改。

第五，两个以上生产经营单位在同一作业区域内进行生产经营活动，可能危及对方生产安全的，应当签订安全生产管理协议，明确各自的安全生产管理职责和应当采取的安全措施，并指定专职安全生产管理人员进行安全检查与协调。这样有利于合法合理、快速地解决当多个单位在同一区域内作业时发生安全事故责任纠纷问题。

 以案释法 ⑲

筒仓储存大豆火灾事故

2006年10月，广东省某市某饲料蛋白开发有限公司从巴拉圭进口一船大豆，卸船后通过江船运到工厂，进入筒仓储存待加工。10月24日，在从筒仓出料到生产车间时，操作人员发现出仓的大豆有焦糊粒。经汇报领导后检查，发现筒仓内的大豆已自燃。但由于筒仓内的氧气含量有限，此刻没有产生火焰。工厂为了降低损失，减少大豆燃烧，决定将筒仓的侧门打开，找到火源以便进行扑救，可是没想到自燃的大豆遇到空气后马上产生了明火，火势迅速加大。这场大火从24日燃烧到29日，直到把筒仓内的大豆清理出去才将火扑灭。近4000吨的大豆燃烧，筒仓被烧毁，直接经济损失达1千万元。

 释解

上述事故发生的原因可以总结为以下四点：一是对原料的特殊性缺乏必要的了解和分析。进口大豆的含油量高达21%左右，并且大豆中的未熟粒比以往的大豆多，大豆平均水分不高。二是对客观条件缺乏必要的预测和警惕。从国外装船到国内卸船，途经的都是高温天气，入筒仓的大豆本身温度就高，装卸船时有个别部位被雨淋或漏雨，入仓后局部容易产生高温，加上遭遇的又是广东一年中最高气温的酷暑，钢板仓经日光照射后，仓内会产生很高的温度。三是粮温监测措施不到位。入仓后的大豆，没有坚持经常观察，进行粮情分析，尤其是筒仓内没有设置粮情检测设施（电子测温等检温设备）对粮食温度进行监测。致使大豆温度一升再升引发自燃。四是该工厂为新工厂，各方面的经验欠缺和相关制度、措施未健全，导致火灾发生后措手不及。

安全生产法第二十二条规定，生产经营单位的安全生产管理机构以及安全生产管理人员要检查本单位的安全生产状况，及时排查生产安全事故隐患。本案中，该饲料蛋白开发有限公司应对入仓后的大豆进行检查，尤其是夏季储存粮油的钢板厂，以便发现问题时采取有效的措施；对于入仓的原料，根据安全生产法规定，要做好原始质量登记，全面掌握入仓原料的质量情况，以便及时地分析粮情情况；对于入仓的大豆，要坚持粮情"三级检查"制度，随时掌握粮情的变化情况；发现粮温升高、入仓储存太久的要及时进行加工或倒仓、清仓等，保持粮温在安全的范围之内。此外，在筒仓内要设置电子检温和粮情监测系统，实时检查粮情。另外，安全生产法第五十五条规定，从业人员应当接受安全生产教育和培训，掌握本职工作所需的安全生产知识，提高安全生产技能，增强事故预防和应急处理能力。本案中的从业人员需要认真接受培训，加强专业技术的学习，提高粮油保管知识的水平，及时地分析和处理实际工作中的问题。

第二节　安全生产权利义务

以人为本，坚持安全生产是贯穿安全生产法的生产理念，粮食从业人员不仅是各种生产活动的直接承担者，还是生产安全事故的受害者，抑或是承担责任者，因此，既要调动他们的积极主动性，保护其权利，又要监督他们的行为，限定其义务。

一、安全生产权利

法律赋予粮食从业人员有关安全生产和人身安全的基本权利，可以概括为以下六项：

（一）知情权

粮食生产经营单位的从业人员有权了解其作业场所和工作岗位存在的危险因素、防范措施及事故应急措施。有些粮食生产经营单位，存在着一些危害从业人员的生命和健康的因素，有发生安全事故的可能性，如需要高空作业的岗位等，如果从业人员事先知道情况，就能够小心谨慎、及时防范，从而减少或避免事故的发生以及人员的损伤。

（二）建议权

粮食生产经营单位的从业人员有权对本单位的安全生产工作提出建议。对如何进行粮食的安全生产、预防危害、减少事故等事项，从业人员可以提出意见和建议，以保证安全生产工作的顺利完成。

（三）批评、控告权

从业人员的工作素质和工作能力、经验使其对粮食生产状况以及生产过程中的安全问题最有发言权，因此，赋予他们一定的监督权最有利于粮食的安全生产、预防或减少事故的发生。从业人员有权对本单位安全生产工作中存在的问题提出批评、检举、控告，粮食生产经营单位不得因从业人员对本单位安全生产工作提出批评、检举、控告而降低其工资、福利等待遇或者解除与其订立的劳动合同。

（四）拒绝违章权

从业人员有权拒绝违章指挥和强令冒险作业。同样，生产经营单位也不得因从业人员对本单位安全生产工作拒绝违章指挥、强令冒险作业而降低其工资、福利等待遇或者解除与其订立的劳动合同。

（五）停止作业权

从业人员发现直接危及人身安全的紧急情况时，有权停止作业或者在采取可能的应急措施后撤离作业场所，粮食生产经营单位不得因从业人员在上述紧急情况下停止作业或者采取紧急撤离措施而降低其工资、福利等待遇或者解除与其订立的劳动合同。

（六）索赔权

因粮食生产安全事故受到损害的从业人员，除依法享有工伤保险外，依照有关民事法律尚有获得赔偿的权利的，有权向本单位提出赔偿要求。

二、安全生产义务

安全生产法不但赋予了从业人员安全生产方面的人身权利，也设定了相应的法定义务，作为法律关系内容的权利与义务是对等的。没有无权利的义务，也没有无义务的权利。从业人员依法享有权利，同时必须履行法律义务和承担法律责任。粮食生产经营单位的从业人员应当履行下列四项安全生产义务：

（一）遵章守规，服从管理的义务

从业人员违反规章制度和操作规程，是导致生产安全事故的主要原因之一。因此，从业人员在从业过程中，应当严格遵守本单位的安全生产规章制度和操作规程，服从管理。粮食生产经营单位必须制定本单位安全生产的规章制度和操作规程，从业人员必须严格依照这些规章制度和操作规程进行生产经营作业。粮食生产经营单位的从业人员不服从管理，违反安全生产规章制度和操作规程的，由生产经营单位给予批评教育，依照有关规章制度给予处分；造成重大事故构成犯罪的，依照刑法有关规定追究刑事责任。

（二）正确佩戴和使用劳动防护用品的义务

粮食生产经营单位必须为从业人员提供必要的、安全的劳动防护用品，以避免或减轻作业和事故中的人身伤害。比如，在黑暗环境中进行粮食作业时必须佩戴灯具用于照明等。一些从业人员虽然佩戴和使用劳动防护用品，但由于没有正确使用而发生人身伤害的事故也大量存在，所以正确佩戴和使用劳动防护用品是从业人员必须履行的法定义务，这是保障从业人员人身安全和粮食生产经营单位安全生产的需要。从业人员不履行该项义务而造成人身伤害的，粮食生产经营单位不承担法律责任。

（三）接受安全培训、掌握安全生产技能的义务

从业人员的安全生产意识和技能的高低，直接关系到粮食生产经营活动安全可靠性的高低。系统的安全知识，熟练的安全生产技能，以及对不安全因素和事故隐患、突发事故的预防、处理能力和经验，是从业人员所必须具备的从业素质。因此，从业人员应当接受安全生产教育和培训，掌握粮食工作所需的安全生产知识，提高安全生产技能，增强事故预防和应急处理能力。

（四）发现事故隐患及时报告的义务

为贯彻"预防为主"的方针、加强事前防范的重要措施，安全生产法规定从业人员发现事故隐患或者其他不安全因素，应当立即向现场安全生产管理人员或者本单位负责人报告；接到报告的人员应当及时予以处理。

此外，粮食生产经营单位使用被派遣劳动者的，被派遣劳动者享有上述规定的从业人员的权利，并应当履行上述规定的从业人员的义务。

 以案释法 20

粮库中毒事故案

2011年9月，某储粮收储经销有限公司某粮库发生一起磷化氢气体中毒事故。该

粮库主要经营范围为粮食收购和存储。发生事故时，该粮库1号仓房存放玉米2930吨。四名粮库工人在对存放的玉米使用磷化铝粉进行杀虫时，发生中毒事故，四人晕倒，随后赶来的消防人员、抢救人员在救援时又有多人中毒，随后中毒人员被送往医院抢救，两名中毒较严重的人员在送往医院后抢救无效死亡，第二天凌晨，另两名工作人员也因医治无效死亡，最终共致四人死亡，直接经济损失216.9669万元。（磷化氢是磷化铝粉通过吸收水份产生的剧毒气体）

 释解

上述事故发生的原因主要有以下几点：粮库员工违规作业进入危险区域是造成该起事故的直接原因；同时，其他人员在实施救援中方法不当，进一步扩大了事故的后果。具体可分为：一是粮库员工对安全生产认识不到位。缺乏安全意识和自我保护意识，使用磷化氢熏蒸储粮害虫时，对散气时的危险性认识不足。二是安全生产制度未落实，员工未经安全培训就上岗。散气时，不按熏蒸工作方案执行，在对新仓库的密闭性能和玉米存储耗氧特性不了解的情况下，凭经验判断，违规作业，导致发生事故。三是缺乏现场安全警示标志。对存在较大危险因素的场所未设置明显的安全警示标志。四是新建仓库散气窗户的密封薄膜为内置式设计，散气时，实施散气人员只能进入仓房内撤除密封薄膜，增加了作业人员的操作风险。

安全生产法第九十一条规定，生产经营单位的主要负责人未履行本法规定的安全生产管理职责的，责令限期改正；逾期未改正的，处二万元以上五万元以下的罚款，责令生产经营单位停产停业整顿。生产经营单位的主要负责人有前款违法行为，导致发生生产安全事故的，给予撤职处分；构成犯罪的，依照刑法有关规定追究刑事责任。第九十二条规定，生产经营单位的主要负责人未履行本法规定的安全生产管理职责，导致发生生产安全事故的，由安全生产监督管理部门依照下列规定处以罚款：……（二）发生较大事故的，处上一年年收入百分之四十的罚款。……第九十四条规定，生产经营单位有下列行为之一的，责令限期改正，可以处五万元以下的罚款；逾期未改正的，责令停产停业整顿，并处五万元以上十万元以下的罚款，对其直接负责的主管人员和其他直接责任人员处一万元以上二万元以下的罚款：……（三）未按照规定对从业人员、被派遣劳动者、实习学生进行安全生产教育和培训，或者未按照规定如实告知有关的安全生产事项的……

本案中，给予江苏某储粮收储经销有限公司某粮库罚款30万元的经济处罚；对江苏某储粮收储经销有限公司某粮库副主任钱某，给予撤销某粮库副主任职务；对中共党员、江苏某储粮收储经销有限公司某粮库原负责人蔡某，给予党内警告处分，并处上一年年收入百分之四十的罚款；对中共党员、江苏某储粮收储经销有限公司总经理夏某，给予党内警告处分。同时，江苏某储粮收储经销有限公司向总公司江苏分公司作出深刻书面检查。要求切实采取防范措施，严格落实安全生产责任制，加强自我安全意识教育，全面开展安全生产大检查，确保企业安全生产。

第三节　安全生产监督管理

安全生产法不仅规定了从业人员的权利与义务制度，还规定了监督管理制度，以预防和杜绝安全生产事故发生。因此，粮食生产经营单位有必要认真学习监督管理制度，了解国家监督和社会监督制度的主要内容，并在此基础上做好本职工作，主动接受国家和社会的监督管理。

一、国家监督

安全生产的国家监督，主要是指县级以上地方各级人民政府和负有安全生产监督管理职责的部门对安全生产工作的监督管理。安全生产，政府有责。必须充分发挥政府，特别是县级以上地方各级人民政府和负有安全生产监督管理职责的部门的监督管理作用。

（一）县级以上地方各级人民政府的安全生产监督管理

县级以上地方各级人民政府应当根据本行政区域内的安全生产状况，组织有关部门按照职责分工，对本行政区域内容易发生重大生产安全事故的生产经营单位进行严格检查；发现事故隐患，应当及时处理。粮食生产经营单位在理解县级以上地方各级人民政府组织安全生产检查的职责时，要注意以下几个方面：

第一，组织检查的主体是县级以上地方各级人民政府。县级以上地方各级人民政府，包括省、自治区、直辖市人民政府、市（地、州）人民政府和县（市、区）人民政府。

第二，县级以上地方各级人民政府组织的检查不同于一般的日常性检查。县级以上地方各级人民政府组织进行的安全生产检查，和其有关部门在各自职责范围内进行的经常性的监督检查不完全相同。

第三，县级以卜地方各级人民政府主要是发挥组织作用。县级以上地方各级人民政府的职责是组织有关部门进行检查，而不是直接检查，政府主要是发挥组织作用。具体检查工作，仍应当由各负责安全生产监督管理职责的有关部门按照职责分工具体进行。

第四，县级以上地方各级人民政府的检查十分严格。检查严格按照有关安全生产的法律、法规和有关国家标准或者行业标准以及相关安全规程的规定，认真检查生产经营单位的安全生产状况，切实发现生产经营单位存在的安全生产问题并加以处理和解决，不会搞形式、走过场，也不会因为某种原因降低标准和要求。

第五，县级以上地方各级人民政府对事故隐患的处理十分及时。对能够立即排除的隐患，应当责令立即排除；不能立即排除的，要责令限期排除，并可以根据具体情况，责令暂时停产停业、停止使用或者更换、修复相关设备、器材等；情况紧急的，还可以责令从危险区域内撤出作业人员。

（二）负有安全生产监督管理职责的部门的监督管理

负有安全生产监督管理职责的部门，包括负责安全生产监督管理的部门和其他有关部门，具体承担着对安全生产进行日常性监督检查的职责，其对安全生产的监督管理属于专门机关的监督管理，在安全生产监督管理中居于核心地位，发挥着极其重要的作用。负有安全生产监督管理职责的部门主要从以下几方面进行监管：

第一，严格依法把关并加强监督检查。负有安全生产监督管理职责的部门依照有关法律、法规的规定，对涉及安全生产的事项需要审查批准（包括批准、核准、许可、注册、认证、颁发证照等，下同）或者验收的，必须严格依照有关法律、法规和国家标准或者行业标准规定的安全生产条件和程序进行审查；不符合有关法律、法规和国家标准或者行业标准规定的安全生产条件的，不得批准或者验收通过。对未依法取得批准或者验收合格的单位擅自从事有关活动的，负责行政审批的部门发现或者接到举报后应当立即予以取缔，并依法予以处理。对已经依法取得批准的单位，负责行政审批的部门发现其不再具备安全生产条件的，应当撤销原批准。

第二，履行审查、验收职责不得收费，不得要求被审查、验收单位购买指定产品负有安全生产监督管理职责的部门对涉及安全生产的事项进行审查、验收，不得收取费用；不得要求接受审查、验收的单位购买其指定品牌或者指定生产、销售单位的安全设备、器材或者其他产品。

第三，安全生产监督检查人员应当具备的素质和执行时的义务。安全生产监督检查人员应当忠于职守，坚持原则，秉公执法。安全生产监督检查人员执行监督检查任务时，必须出示有效的监督执法证件；对涉及被检查单位的技术秘密和业务秘密，应当为其保密。

第四，检查情况的书面记录和签字要求。安全生产监督检查人员应当将检查的时间、地点、内容、发现的问题及其处理情况，作出书面记录，并由检查人员和被检查单位的负责人签字；被检查单位的负责人拒绝签字的，检查人员应当将情况记录在案，并向负有安全生产监督管理职责的部门报告。

第五，监督检查的互相配合。负有安全生产监督管理职责的部门在监督检查中，应当互相配合，实行联合检查；确需分别进行检查的，应当互通情况，发现存在的安全问题应当由其他有关部门进行处理的，应当及时移送其他有关部门并形成记录备查，接受移送的部门应当及时进行处理。

第六，建立举报制度。负有安全生产监督管理职责的部门应当建立举报制度，公开举报电话、信箱或者电子邮件地址，受理有关安全生产的举报；受理的举报事项经调查核实后，应当形成书面材料；需要落实整改措施的，报经有关负责人签字并督促落实。任何单位或者个人对事故隐患或者安全生产违法行为，均有权向负有安全生产监督管理职责的部门报告或者举报。

（三）监察机关的监督

监察机关依照行政监察法的规定，对负有安全生产监督管理职责的部门及其工作人员履行安全生产监督管理职责实施监察。

二、社会监督

做好安全生产监督管理工作，不仅需要政府以及负有安全生产监督管理职责的部门要依法履行监督管理职责，加强监督监督管理，同时还必须充分鼓励和调动社会各方面力量对安全生产工作进行监督的积极性，才有可能真正建立起经常性的、有效的监督机制。

（一）单位和个人的监督

任何单位或者个人对事故隐患或者安全生产违法行为，均有权向负有安全生产监督管理职责的部门报告或者举报。县级以上各级人民政府及其有关部门对报告重大事故隐患或者举报安全生产违法行为的有功人员，给予奖励。

（二）社会组织的监督

第一，安全生产中介服务机构的监督。承担安全评价、认证、检测、检验的机构应当具备国家规定的资质条件，并对其作出的安全评价、认证、检测、检验的结果负责。

第二，基层群众性自治组织的监督。居民委员会、村民委员会发现其所在区域内的生产经营单位存在事故隐患或者安全生产违法行为时，应当向当地人民政府或者有关部门报告。县级以上各级人民政府及其有关部门对报告重大事故隐患或者举报安全生产违法行为的有功人员，给予奖励。

第三，新闻媒体的监督。新闻、出版、广播、电影、电视等单位有进行安全生产公益宣传教育的义务，有对违反安全生产法律、法规的行为进行舆论监督的权利。新闻、出版、广播、电影、电视等单位应当主动进行安全生产宣传教育，不得因经济利益或者其他原因拒绝这方面的工作。对有关人民政府及其有关部门提出的安全生产宣传任务，新闻、出版、广播、电影、电视等单位不能推拖，而应当积极配合，认真完成。安全生产宣传教育的内容应当以有关安全生产的法律、法规，有关安全生产技术知识，典型的安全生产案例等为主。

某粮油公司简易混凝土粮囤坍塌事故

　　2014年2月,吉林省某粮油有限公司发生一起组合式混凝土预制板粮囤(以下简称"简易混凝土粮囤")坍塌事故,造成2人死亡。具体情况如下:吉林省金粮粮油有限公司夏家店分公司位于吉林省德惠市夏家店镇,该公司现有简易混凝土粮囤78个,总仓容3.2万吨。2月26日11时许,2名工人在维护简易混凝土粮囤环向钢带时,该囤2.5m高度处突然发生坍塌,2名工人被囤内溢出的玉米掩埋致死。

 释解

　　事故原因主要有以下几点:一是简易混凝土粮囤本身存在安全隐患。简易混凝土粮囤是一种无设计规范,无设计图纸,无工程建设手续的简易储粮设施,本身存在较大安全隐患。二是日常维护不到位。据企业介绍,该仓建于1999年,投入使用近15年。现场检查发现混凝土预制板已经破损,钢带存在锈蚀和移位现象。三是维护方案不合理。企业发现简易混凝土粮囤紧固钢带移位隐患后,在未对囤内粮食进行卸载处理,未对维修人员采取切实有效保护措施的情况下,企业负责人直接指派2名工人开展维修作业,作业方案不合理。四是事故应急处置不妥当。事故发生1小时以后才将被埋工人救出,错过了最佳救援时间,进而导致2名工人死亡。

　　安全生产法第二十二条规定,生产经营单位的安全生产管理机构以及安全生产管理人员要检查本单位的安全生产状况,及时排查生产安全事故隐患。第四十三条规定,生产经营单位的安全生产管理人员应当根据本单位的生产经营特点,对安全生产状况进行经常性检查;对检查中发现的安全问题,应当立即处理;不能处理的,应当及时报告本单位有关负责人,有关负责人应当及时处理。检查及处理情况应当如实记录在案。本案中,该粮油有限公司应对混凝土预制板及时进行检查,尤其是简易混凝土粮囤本身存在安全隐患。另外,安全生产法第八十条规定,生产经营单位发生生产安全事故后,事故现场有关人员应当立即报告本单位负责人。单位负责人接到事故报告后,应当迅速采取有效措施,组织抢救,防止事故扩大,减少人员伤亡和财产损失,并按照国家有关规定立即如实报告当地负有安全生产监督管理职责的部门,不得隐瞒不报、谎报或者迟报,不得故意破坏事故现场、毁灭有关证据。本案中,事故发生1小时以后才将被埋工人救出,错过了最佳救援时间,导致两名工人死亡,违背了及时的原则,可根据安全生产法第八十七条第四款的规定,在监督检查中发现重大事故隐患,不依法及时处理的。负有安全生产监督管理职责的部门的工作人员有前款规定以外的滥用职权、玩忽职守、徇私舞弊行为的,依法给予处分；构成犯罪的，依照刑法有关规定追究刑事责任，依法对本案中的负责人员追究责任。企业应加强对作业人员的安全防护。此类事故可能性较小，因此重在预防，一旦发生事故必须及时、科学、合理地展开救援。企业应按规定为作业人员提供必要的职业安全防护装备，如安全带、防尘口罩等，并监督作业人员正确使用；企业应为危险作业人员配备专门人员在有效距离内对其实施监护，进行安全提示，并及时纠正作业中的错误行为。

第四节　生产安全事故的应急救援与调查处理

粮食安全生产事故的频发要求各级人民政府以及负有安全生产监督管理职责的部门将工作的重心转移到遏制重特大事故，预防和减少一般事故上来。安全生产法进一步完善了事故应急救援和调查处理制度，粮食生产经营单位应严格按照安全生产法的规定建立粮食事故应急应援并在出现安全事故时接受调查处理。

一、事故的应急救援

生产安全法对生产安全事故的应急救援和事故抢救工作作了明确规定，主要包括生产安全事故的应急救援体系的建立、生产安全事故的应急救援组织、应急救援人员和装备以及组织事故抢救等内容。

（一）生产安全事故

生产安全事故是指生产经营单位在生产经营活动（包括与生产经营有关的活动）中突然发生的，伤害人身安全和健康或者损坏设备设施或者造成经济损失的，导致原生产经营活动（包括与生产经营活动有关的活动）暂时中止或永远终止的意外事件。

生产安全事故按事故发生的原因可分为责任事故和非责任事故。按事故造成的后果可分为人身伤亡事故和非人身伤亡事故。

人身伤亡事故又称因工伤亡事故或工伤事故，是指生产经营单位的从业人员在生产经营活动中或在与生产经营相关的活动中，突然发生的、造成人体组织受到损伤或人体的某些器官失去正常机能，导致负伤肌体暂时地或长期地丧失劳动能力，甚至死亡的事故。工伤事故按伤害的严重程度可分为：轻伤事故；重伤事故；死亡事故。

按照目前的划分标准，死亡事故按伤亡人数多少又可分为：

第一，一般伤亡事故，指一次死亡1至2人（多人事故时包括轻伤和重伤）的事故。

第二，重大伤亡事故，指一次死亡3至9人的事故。

第三，特大伤亡事故，指一次死亡10人以上的事故。

非人身伤亡事故是指未造成人身伤亡的设备事故和其他事故。

（二）生产安全事故的应急预案和救援体系

制定切实可行的事故应急预案和救援体系是应急准备工作中的重中之重。各级政府和粮食生产经营部门都需要建立完善事故应急预案体系。

1.国家事故应急管理体系

国家要加强生产安全事故应急能力建设，在重点行业、领域建立应急救援基地和应急救援队伍。

国家应鼓励生产经营单位和其他社会力量建立应急救援队伍，配备相应的应急救援装备和物资，提高应急救援的专业化水平。

国务院安全生产监督管理部门建立全国统一的生产安全事故应急救援信息系统，国务院有关部门建立健全相关行业、领域的生产安全事故应急救援信息系统。

2.粮食生产经营单位应急预案和救援体系

粮食生产经营单位应当制定本单位生产安全事故应急救援预案，与所在地县级以上地方人民政府组织制定的生产安全事故应急救援预案相衔接，并定期组织演练。

粮食粮食生产经营单位制定生产安全事故的应急救援体系是保证粮食生产安全事故应急救援工作顺利实施的组织保障，特大粮食生产安全事故应急救援体系的建立由县级以上地方各级人民政府负责。

3.粮食生产安全事故的抢救

粮食生产安全事故的抢救要坚持及时、得当、有效的原则。因生产安全事故属突发事件，安全生产法要求在事故发生后，任何单位和个人都应当支持、配合事故的抢救工作，为事故抢救提供一切便利条件；同时也明确了有关部门及其负责人在事故抢救中的职责。

（1）粮食生产经营单位负责人在事故抢救中的职责。粮食生产经营单位负责人接到事故报告后，一是根据应急救援预案和事故的具体情况迅速采取有效措施，组织抢救；二是千方百计防止事故扩大，减少人员伤亡和财产损失；三是严格执行有关救护规程和规定，严禁救护过程中的违章指挥和冒险作业，避免救护中的伤亡和财产损失；四是注意保护事故现场，不得故意破坏事故现场、毁灭有关证据。

（2）重大粮食生产安全事故的抢救。粮食生产经营单位发生重大生产安全事故时，单位的主要负责人应当立即组织抢救。有关地方人民政府的负责人接到重大粮食生产安全事故报告后，要立即赶到事故现场，组织抢救。负有安全生产监督管理职责的部门的负责人接到重大粮食生产安全事故报告后，也必须立即赶到事故现场，组织抢救。

重大粮食生产安全事故的抢救应当成立抢救指挥部，由指挥部统一指挥。特大粮食生产安全事故的抢救依照上述规定进行。

二、事故的调查处理

安全生产法对生产安全事故调查处理、责任追究和结果公布等作了以下规定，粮食生产安全事故也依此接受调查处理。

（一）粮食生产安全事故的调查处理

我国实行生产安全事故责任追究制度，依照安全生产法和有关法律、法规的规定，追究粮食生产安全事故责任人员的法律责任。

对事故的调查处理应当按照科学严谨、依法依规、实事求是、注重实效的原则，及时、准确地查清事故原因，查明事故性质和责任，总结事故教训，提出整改措施，并对事故责任者提出处理意见。事故调查报告应当依法及时向社会公布。事故调查和处理的具体办法由国务院制定。事故发生单位应当及时全面落实整改措施，负有安全生产监督管理职责的部门应当加强监督检查。

任何单位和个人不得阻挠和干涉对事故的依法调查处理。

（二）粮食生产安全事故的责任追究

粮食生产经营单位发生粮食生产安全事故，经调查确定为责任事故的，除了应当查明事故单位的责任并依法予以追究外，还应当查明对粮食安全生产的有关事项负有审查批准和监督职责的行政部门的责任，对有失职、渎职行为的依照以下规定追究法律责任：

负有安全生产监督管理职责的部门的工作人员，有下列行为之一的，给予降级或者撤职的处分；构成犯罪的，依照刑法有关规定追究刑事责任：

第一，对不符合法定安全生产条件的涉及安全生产的事项予以批准或者验收通过的。

第二，发现未依法取得批准、验收的单位擅自从事有关活动或者接到举报后不予取缔或者不依法予以处理的。

第三，对已经依法取得批准的单位不履行监督管理职责，发现其不再具备安全生产条件而不撤销原批准或者发现安全生产违法行为不予查处的。

第四，在监督检查中发现重大事故隐患，不依法及时处理的。负有安全生产监督管理职责的部门的工作人员有前款规定以外的滥用职权、玩忽职守、徇私舞弊行为的，依法给予处分；构成犯罪的，依照刑法有关规定追究刑事责任。

（三）粮食生产安全事故的统计和公布

县级以上地方各级人民政府负责安全生产监督管理的部门应当作好以下工作：

第一，粮食生产安全事故的统计工作并定期公布。

第二，定期分析本行政区域内发生的粮食生产安全事故情况。

第三，公布伤亡事故的处理结果。

粮油车间窒息事故

2007年7月，天津某粮油工业有限公司二期分提车间副主管张某、王某带领其他5名员工在车间进行检修作业。当天下午18时许，在检修251B吹扫罐的过程中，该罐内充满氮气，王某在没有采取任何防护措施的情况下，贸然进入罐内，窒息晕倒，头部淹溺在罐底的棕榈油中，造成窒息淹溺死亡。随后，员工孙某也在没有采取任何防护措施的情况下，进入罐内对王某施救，窒息晕倒在罐中。事故发生后，在场的其他员工，一方面向该罐充压缩空气，进入罐中将王、孙二人救出；另一方面报120急救中心，迅速将二人送某医院救治。王某经抢救无效死亡，孙某则处于昏迷中，经抢救已脱离生命危险。

上述事故发生的原因可以总结为以下几点：一是员工严重违反操作规程。在检修罐内充满氮气，氮气含量达99.5%，极度缺氧。员工进入该罐前没有对罐内含氧量进行检测并向罐内充压缩空气，在未佩带好个人防护用具及安全绳，未采取任何安全防护措施的情况下，贸然进入罐内检修，严重违反操作规程，是导致这起死亡事故的直接原因。二是安全生产管理组织和人员缺失。企业内既无安全生产管理机构，也无专职或兼职安全员；安全生产组织不落实，检查不落实，责任不落实，生产安全隐患不能及时被发现和消除，安全生产管理形同虚设；没有建立安全生产责任制和安全生产管理规章制度及安全操作规程；缺乏对员工的安全教育培训。调查中发现，该公司主要负责人生产安全的意识淡薄，自公司开工以来没有建立健全严格的安全生产规章制度、责任制和安全操作规程。对安委会部署的防硫化氢和窒息中毒专项整治工作，未能认真贯彻落实，导致员工无安全操作的意识，不了解作业过程中的危险有害因素，不懂得安全防护知识。三是安全生产投入不足。公司内存在着密闭容器作业、高处作业等有毒有害作业环节和环境。公司既未配备任何安全防护用品和防护设施，也未对有可能发生人身伤害的场所、部位，设立警示标志和隔离设施，极易发生高处坠落、中毒窒息等生产安全事故。

安全生产法第一百零四条规定，生产经营单位的从业人员不服从管理，违反安全生产规章制度或者操作规程的，由生产经营单位给予批评教育，依照有关规章制度给予处分；构成犯罪的，依照刑法有关规定追究刑事责任。本案中的工作人员并没有不服从管理，事故主要是由于单位缺乏安全机制以及其本身安全意识不够所导致的。安全生产法第四条规定，生产经营单位必须遵守本法和其他有关安全生产的法律、法规，加强安全生产管理，建立、健全安全生产责任制和安全生产规章制度，改善安全生产条件，推进安全生产标准化建设，提高安全生产水平，确保安全生产。本案中的某粮油工业有限公司没有建立安全生产责任制和安全生产管理规章制度及安全操作规程；缺乏对员工的安全教育培训。主要负责人生产安全的意识淡薄，自公司开工以来没有建立健全严格的安全生产规章制度、责任制和安全操作规程。对安委会部署的防硫化氢和窒息中毒专项整治工作，未能认真贯彻落实，严重违反了安全生产法第四条、第五十五条等规定，需对其追究责任。

安全生产法第二十条规定，生产经营单位应当具备的安全生产条件所必需的资金投入，由生产经营单位的决策机构、主要负责人或者个人经营的投资人予以保证，并对由于安全生产所必需的资金投入不足导致的后果承担责任。第二十一条规定，应当设置安全生产管理机构或者配备专职安全生产管理人员。第三十二条规定，生产经营单位应当在有较大危险因素的生产经营场所和有关设施、设备上，设置明显的安全警示标志。本案中的负责人员严重违法了上述规定，应依据安全生产法第九十六条规定，责令限期改正，可以处五万元以下的罚款；逾期未改正的，处五万元以上二十万元以下的罚款，对其直接负责的主管人员和其他直接责任人员处一万元以上二万元以下的罚款；情节严重的，责令停产停业整顿；构成犯罪的，依照刑法有关规定追究刑事责任。

以案释法 23

粮库遭雷击引起特大火灾调查迅速顺利结案

某市粮油储运公司宝塔河粮食仓库位于该市城区某某路330号，共有粮仓14栋，露天粮食堆垛35个，粮库总容量为3162万公斤，当时实际储量为2815万公斤，储存价值为900万元。起火的是一栋分为1、2、3号仓、建筑面积为3057m²的粮仓，其中2、3号仓共存有大米196万公斤。

2008年4月26日凌晨1时左右，下着大雨、刮着大风，一声炸雷后，宝塔河粮库库区内照明全部熄灭。两名值班民警到配电室查看情况，不久就听到有人喊"失火了"，值班民警发现3号仓方向有浓烟，连忙打电话向消防队报警。市消防支队立即调集全市三个公安消防队、七个企业专职消防队共17台消防车、150名消防队员赶赴火场。消防队到达火场时，整栋仓库已大面积燃烧，火势猛烈，1、2号仓粮食的露天堆垛，严重威胁其他库房的安全。市委、市政府和市公安局领导亲临火场视察火情，指挥灭火战斗。凌晨3时左右大火被基本控制，5时左右明火被全部扑灭。据供电部门技术鉴定：该库配电室空气开关因瞬时外过电压而烧毁，其动力负荷开关均未送电，只有照明开关处于闭合状态，除火灾引起的电气设备损坏外，其他部分均未遭受绝缘损坏，因而排除了电气火灾的可能性，结合当时的气象情况认定为雷击起火。

 释解

　　本案起火的原因属于不可抗力，调查迅速，结案十分顺利。虽然不存在违法的情形，但是本案对于调查此类案件具有重要意义。以后再发生类似的案例时，首先，应在火灾发生后应立即展开对火灾事故的调查工作。本案粮库火灾发生后，调查组迅速访问了最先发现火灾的人员和报警者。住在粮库库区的市粮油储运公司汽车队职工艾某、仓库职工张某和市米面厂职工谭某等在接受访问时都提到在一声雷响后，他们分别发现了一团红光落在粮仓间，接着仓库冒烟起火。他们的证言为调查组迅速查明火灾原因、确定起火部位等提供了第一手资料。其次，要依靠科学技术手段进行调查，注意物证的收集工作。在这次火灾现场勘查过程中，相关人员发现该库配电室空气开关被烧毁。经过供电部门的技术鉴定和电气专家认定，此空气开关是"因瞬时外过电压而烧毁"，即强大的雷击电流在瞬间内将空气开关烧毁。技术鉴定和专家认定为查明火灾原因提供了科学依据。最后，火灾调查人员必须熟悉消防知识，掌握一定的专业技能，实事求是，尊重科学，才能从错综复杂、杂乱无章的火场中发现起火点，查明起火原因。在这次火灾调查过程中，相关人员利用雷电火灾的原理，圆满地解释了粮库火灾过程中的一系列现象，使火灾调查工作得以顺利完成。

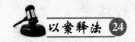 **以案释法 24**

淀粉粉尘爆炸事故

　　2010年2月24日，某市甲淀股份有限公司（简称甲公司）淀粉四车间发生了淀粉粉尘爆炸事故。经查，23日20时至24日8时，淀粉四车间6号振动筛工作不正常，下料慢，怀疑筛网堵塞。24日凌晨，淀粉四车间工人曾进行了清理。24日9时，淀粉二车间派人清理三层平台（标高5.2m平台）和振动筛淀粉。11时左右恢复生产，11时40分左右，5号、6号振动筛再次堵塞。13时30分左右，淀粉二车间开始维修振动筛。同时，应淀粉二车间要求，淀粉四车间派4名工人到批号间与配电室房顶帮助清理淀粉。24日下午15时58分左右，5号振动筛修理完成，开始清理和维修6号振动筛，此时发生了爆炸事故。事故发生后，事故现场人员立即向公司应急救援指挥部相关人员、市人民医院、市中医院和消防队报警。该公司主要负责人贺某接到报警后，立即通过报警系统喊话，启动公司安全生产事故应急救援预案，组织开展自救。经查，淀粉四车间的包装间北墙和仓库南、北、东三面围墙倒塌。仓库西端的房顶坍塌（约占仓库房顶三分之一）。淀粉四车间干燥车间和南侧毗邻糖三库房部分玻璃窗被震碎，窗框移位。四车间内的部分生产设备严重受损。厂房北侧两辆集装箱车和厂房南部的一辆集装箱车被砸毁。截至2010年3月2日，事故直接经济损失1773.52万元。

据悉，事故厂房于2000年建成，原设计功能为仓库。2008年将部分仓库改建为包装间。此次事故的点燃源为铁质工具与铁质构件撞击与摩擦所产生的火花。现场勘察和询问表明，作业人员在维修振动筛和清理淀粉过程中使用了铁质工具，包括铁质扳手、铁质钳子、铁锹和铁簸箕等。这些工具在使用中，发生撞击和摩擦时，可产生点燃玉米淀粉粉尘云的能量。

 释解

本案是一起重大淀粉粉尘爆炸事故，具体原因分析主要有两方面，第一方面是直接原因，在进行三层平台清理作业过程中产生了粉尘云，局部粉尘云的浓度达到了爆炸下限；维修振动筛和清理平台淀粉时，从业人员使用了铁质工具，产生了机械撞击和摩擦火花，这两点同时存在是爆炸的直接原因。包装间、仓库设备和地面淀粉积尘严重是导致强烈的爆炸的直接原因。第二方面是间接原因，主要有：1. 生产管理不善；当5号、6号振动筛出现堵料故障时，没有及时采取停止送料措施，造成振动筛处及其附近平台大量淀粉泄漏、堆积。2. 未认真执行粉尘防爆安全国家标准。企业在安全生产管理中，未根据行业特点及存在的固有危险，贯彻执行《粮食加工、储运系统粉尘防爆安全规程》《粉尘防爆安全规程》《爆炸和火灾危险环境电力装置设计规范》等国家标准要求。3. 企业管理人员、技术人员和作业人员粉尘防爆知识欠缺，对粉尘爆炸危害认识不足。作业人员安全技能低，在淀粉清理和设备维修作业中违规操作。4. 事故厂房于2000年建成，原设计功能为仓库。2008年公司将仓库西段北侧的24m×12m的区域改造为淀粉生产包装车间，改变了原仓库的用途，改造项目的设计对粉尘防爆考虑不完善，防火防爆措施、管理没有相应跟进。

安全生产法第二十三条第一款规定，生产经营单位的安全生产管理机构以及安全生产管理人员应当恪尽职守，依法履行职责。本案中甲公司生产管理不善，出现问题时没有及时采取相应措施，造成大量淀粉泄漏、堆积，违反了法律规定，应该依法追究责任。安全生产法第十条第二款规定，生产经营单位必须执行依法制定的保障安全生产的国家标准或者行业标准。本案中甲公司未认真执行粉尘防爆安全国家标准，违反了上述规定，应依照生产安全法第九十六条规定责令限期改正，可以处五万元以下的罚款；逾期未改正的，处五万元以上二十万元以下的罚款，对其直接负责的主管人员和其他直接责任人员处一万元以上二万元以下的罚款；情节严重的，责令停产停业整顿；构成犯罪的，依照刑法有关规定追究刑事责任。安全生产法第一百零四条规定，生产经营单位的从业人员不服从管理，违反安全生产规章制度或者操作规程的，由生产经营单位给予批评教育，依照有关规章制度给予处分；构成犯罪的，依照刑法有关规定追究刑事责任。本案中的从业人员虽没有不服从管理，但是其缺乏必要的知识，违规操作是造成本案严重后果的一个重要原因，应依上述规定对其进行处罚。

第七章
中央储备粮管理法律制度

　　粮食是人类赖以生存的必需品，也是国家战略储备的必须物资。在改革开放经济迅猛发展的今天，随着粮食流通体制改革的深入发展，中央储备粮管理体系也不断完善。贯彻落实《中央储备粮管理条例》，是中央储备粮管理工作的一项重要任务，要实现这目标，须从中央储备粮的计划、储存、动用、监督检查及相关法律责任五方面进行解析，以做好中央储备粮的管理工作，从而保证中央储备粮数量真实、质量良好和储存安全，保护农民利益，维护粮食市场稳定，有效发挥中央储备粮在国家宏观调控中的作用。

第一节　中央储备粮的计划

一、计划的制定

　　中央储备粮，是指中央政府储备的用于调节全国粮食供求总量，稳定粮食市场，以及应对重大自然灾害或者其他突发事件等情况的粮食和食用油。

　　联合国粮食及农业组织曾经提出，一个国家的粮食储备要相当于当年粮食消费量的17%-18%。我国的储备规模虽已超过了这一安全线，但我国人口众多，粮食消费量大，粮食问题依然不容忽视，中央储备粮计划的制定关系着粮食安全保障的根本。因此，科学地制定粮油储备指导性计划，合理地确定储备规模，充分发挥计划的引领作用，有助于我国粮食储备与安全。

　　在我国，中央储备粮的储存规模、品种和总体布局方案，由国务院发展改革部门及国家粮食行政管理部门会同国务院财政部门，根据国家宏观调控需要和财政承受能力提出，报国务院批准。

中央储备粮的收购、销售计划，由国家粮食行政管理部门根据国务院批准的中央储备粮储存规模、品种和总体布局方案提出建议，经国务院发展改革部门、国务院财政部门审核同意后，由国务院发展改革部门及国家粮食行政管理部门会同国务院财政部门和中国农业发展银行共同下达中国储备粮管理总公司。

二、计划的实施

中国储备粮管理总公司根据中央储备粮的收购、销售计划，具体组织实施中央储备粮的收购、销售。

中央储备粮实行均衡轮换制度，每年轮换的数量一般为中央储备粮储存总量的20%至30%。

中国储备粮管理总公司应当根据中央储备粮的品质情况和入库年限，提出中央储备粮年度轮换的数量、品种和分地区计划，报国家粮食行政管理部门、国务院财政部门和中国农业发展银行批准。中国储备粮管理总公司在年度轮换计划内根据粮食市场供求状况，具体组织实施中央储备粮的轮换。

中国储备粮管理总公司应当将中央储备粮收购、销售、年度轮换计划的具体执行情况，及时报国务院发展改革部门、国家粮食行政管理部门和国务院财政部门备案，并抄送中国农业发展银行。

 以案释法 25

谎称替中央储备粮库代储粮食骗取售粮农户案

2009年6月，某镇的居民柳某为兴办该市某棉织有限公司筹集资金，在该镇某村开设粮食收购点，谎称替中央储备粮该市直属库代储粮食，粮食上交该市直属库后给农户兑现现金。柳某又纠集其子来帮忙，负责过磅、开收据，以此骗取吕某等29户售粮农户的小麦5万余公斤，出具共计123117元的欠据。柳某将收购的小麦转卖给附近其他收粮户，销售得款未支付售粮农户。后因农户多次催要，柳某为逃避还款，于2011年年底变更联系方式及住址。柳某及其子归案后将欠款123117元全部退赔，已全部发还售粮农户。

 释解

我国刑法第二百二十四条规定，有下列情形之一，以非法占有为目的，在签订、履行合同过程中，骗取对方当事人财物，数额较大的，处三年以下有期徒刑或者拘役，并处或者单处罚金；数额巨大或者有其他严重情节的，处三年以上十年以下有期徒刑，并处罚金；数额特别巨大或者有其他特别严重情节的，处十年以上有期徒刑或者无期徒刑，并处罚金或者没收财产：（一）以虚构的单位或者冒用他人名义签订合同的；（二）以伪造、变造、作废的票据或者其他虚假的产权证明作担保的；（三）没有实际履行能力，以先履行小额合同或者部分履行合同的方法，诱骗对方当事人继续签订和履行合同的；（四）收受对方当事人给付的货物、货款、预付款或者担保财产后逃匿的；（五）以其他方法骗取对方当事人财物的。

本案中，柳某及其子冒用他人名义与农户签订合同，骗取多名农户价值达123117元的小麦，属数额较大，在农户多次催要下，变更住址及联系方式逃匿，其行为均已违反法律规定，构成合同诈骗罪。其中，柳某组织策划合同诈骗犯罪，是主犯；其子在犯罪中起次要作用，是从犯，应当从轻、减轻或免除处罚。如果二人在归案后认罪态度较好，积极退赔造成的损失，可以从轻处罚。

据此，法院作出判决：柳某及其子犯合同诈骗罪，分别判刑1年6个月、1年1个月。并分别处罚金10000元、5000元。

第二节　中央储备粮的储存

一、中央储备粮的存储主体及资格条件认定

（一）存储主体

中国储备粮管理总公司直属企业为专门储存中央储备粮的存储主体。

中央储备粮也可以依照《中央储备粮管理条例》的规定由具备条件的其他企业代储。选择代储中央储备粮的企业，应当遵循有利于中央储备粮的合理布局，有利于中央储备粮的集中管理和监督，有利于降低中央储备粮成本、费用的原则。

（二）代储企业条件与资格认定办法

1.代储中央储备粮的企业应当具备的条件

（1）仓库容量达到国家规定的规模，仓库条件符合国家标准和技术规范的要求。

（2）具有与粮食储存功能、仓型、进出粮方式、粮食品种、储粮周期等相适应的仓储设备。

（3）具有符合国家标准的中央储备粮质量等级检测仪器和场所，具备检测中央储备粮储存期间仓库内温度、水分、害虫密度的条件。

（4）具有经过专业培训的粮油保管员、粮油质量检验员等管理技术人员。

（5）经营管理和信誉良好，并无严重违法经营记录。

2.代储中央储备粮的企业资格认定办法

具备上述规定代储条件的企业，经国家粮食行政管理部门审核同意，取得代储

中央储备粮的资格。企业代储中央储备粮的资格认定办法，由国家粮食行政管理部门会同国务院财政部门，并征求中国农业发展银行和中国储备粮管理总公司的意见制定。

中国储备粮管理总公司负责从取得代储中央储备粮资格的企业中，根据中央储备粮的总体布局方案择优选定中央储备粮代储企业，报国家粮食行政管理部门、国务院财政部门和中国农业发展银行备案，并抄送当地粮食行政管理部门。

此外，中国储备粮管理总公司应当与中央储备粮代储企业签订合同，明确双方的权利、义务和违约责任等事项。中央储备粮代储企业不得将中央储备粮轮换业务与其他业务混合经营。

二、中央储备粮的存储主体义务

（一）积极义务

1. 严格依法制定管理制度

中国储备粮管理总公司直属企业、中央储备粮代储企业（以下统称承储企业）储存中央储备粮，应当严格执行国家有关中央储备粮管理的行政法规、规章、国家标准和技术规范，以及中国储备粮管理总公司依照有关行政法规、规章、国家标准和技术规范制定的各项业务管理制度。

2. 必须符合入库规定

承储企业必须保证入库的中央储备粮达到收购、轮换计划规定的质量等级，并符合国家规定的质量标准。

3. 实行专仓储存、专人保管、专账记载

承储企业应当对中央储备粮实行专仓储存、专人保管、专账记载，保证中央储备粮账账相符、账实相符、质量良好、储存安全。

4. 建立安全管理制度

承储企业应当建立、健全中央储备粮的防火、防盗、防洪等安全管理制度，并配备必要的安全防护设施。

5. 经常安全检查，发现问题及时处理

承储企业应当对中央储备粮的储存管理状况进行经常性检查；发现中央储备粮数量、质量和储存安全等方面的问题，应当及时处理；不能处理的，承储企业的主要负责人必须及时报告中国储备粮管理总公司或者其分支机构。

6. 及时完成轮换

承储企业应当在轮换计划规定的时间内完成中央储备粮的轮换。

7. 定期统计分析管理情况并上报

中国储备粮管理总公司应当定期统计、分析中央储备粮的储存管理情况，并将统计、分析情况报送国务院发展改革部门、国家粮食行政管理部门、国务院财政部门及中国农业发展银行。

（二）消极义务

1.不得虚报、瞒报数量，掺假、串换品种等

承储企业不得虚报、瞒报中央储备粮的数量，不得在中央储备粮中掺杂掺假、以次充好，不得擅自串换中央储备粮的品种、变更中央储备粮的储存地点，不得因延误轮换或者管理不善造成中央储备粮陈化、霉变。

2.不得以非法手段骗取财政补贴

承储企业不得以低价购进高价入账、高价售出低价入账、以旧粮顶替新粮、虚增入库成本等手段套取差价，骗取中央储备粮贷款和贷款利息、管理费用等财政补贴。

3.不得以中央储备粮对外进行担保或清偿债务

承储企业不得以中央储备粮对外进行担保或者对外清偿债务。承储企业依法被撤销、解散或者破产的，其储存的中央储备粮由中国储备粮管理总公司负责调出另储。

三、中央储备粮的管理

（一）管理费用补贴

中央储备粮的管理费用补贴实行定额包干，由国务院财政部门拨付给中国储备粮管理总公司；中国储备粮管理总公司按照国务院财政部门的有关规定，通过中国农业发展银行补贴专户，及时、足额拨付到承储企业。中国储备粮管理总公司在中央储备粮管理费用补贴包干总额内，可以根据不同储存条件和实际费用水平，适当调整不同地区、不同品种、不同承储企业的管理费用补贴标准；但同一地区、同一品种、储存条件基本相同的承储企业的管理费用补贴标准原则上应当一致。

中央储备粮的贷款利息实行据实补贴，由国务院财政部门拨付。中央储备粮贷款实行贷款与粮食库存值增减挂钩和专户管理、专款专用。承储企业应当在中国农业发展银行开立基本账户，并接受中国农业发展银行的信贷监管。

（二）入库成本

中央储备粮的入库成本由国务院财政部门负责核定。中央储备粮的入库成本一经核定，中国储备粮管理总公司及其分支机构和承储企业必须遵照执行。任何单位和个人不得擅自更改中央储备粮入库成本。

（三）损失损耗管理

国家建立中央储备粮损失、损耗处理制度，及时处理所发生的损失、损耗。具体办法由国务院财政部门会同国家粮食行政管理部门，并征求中国储备粮管理总公司和中国农业发展银行的意见制定。

油脂库仓储处保管员盗取中央储备粮案

朱某、吴某经预谋，利用朱某担任其所在市国家油脂库仓储处保管员并负责司泵输油的职务便利，由吴某负责驾驶油罐车到油脂库内将油盗出。

2008年11月6日18时许，朱某偷开油脂库油泵，吴某伙同周某驾车到该库并从5号罐盗取该市公司储存在此的中央储备一级豆油7.27吨，价值55979元，后吴某将该油卖于该市某粮油加工厂，得赃款53798元，朱某分得42000元，余款由吴某分得。

2008年12月3日18时许，朱某、吴某采取同样手法，盗取1号罐中央储备菜籽油3.33吨，价值24975元，后将该油卖于该市某粮油加工厂，得赃款23000元，其中朱某分得10000余元，余款由吴某分得。

2009年1月15日16时许，朱某、吴某又盗取3号罐中央储备菜籽油6.42吨，价值48471元。后吴某将该油卖于该市粮油交易中心的个体粮油商侯某，得赃款40000元，分给朱某26000元。

案发后，朱某、周某分别于2009年2月23日、3月7日经传唤到案被抓获，吴某于2009年3月19日向该市某区人民检察院主动投案。朱某退回赃款共计46000元，吴某退回赃款20000元。

 释解

我国刑法第三百八十二条规定，国家工作人员利用职务上的便利，侵吞、窃取、骗取或者以其他手段非法占有公共财物的，是贪污罪。受国家机关、国有公司、企业、事业单位、人民团体委托管理、经营国有财产的人员，利用职务上的便利，侵吞、窃取、骗取或者以其他手段非法占有国有财物的，以贪污论。与上述所列人员勾结，伙同贪污的，以共犯论处。

刑法第三百八十三条规定，对犯贪污罪的，根据情节轻重，分别依照下列规定处罚：（一）贪污数额较大或者有其他较重情节的，处三年以下有期徒刑或者拘役，并处罚金。（二）贪污数额巨大或者有其他严重情节的，处三年以上十年以下有期徒刑，并处罚金或者没收财产。（三）贪污数额特别巨大或者有其他特别严重情节的，处十年以上有期徒刑或者无期徒刑，并处罚金或者没收财产；数额特别巨大，并使国家和人民利益遭受特别重大损失的，处无期徒刑或者死刑，并处没收财产。

对多次贪污未经处理的，按照累计贪污数额处罚。

犯第一款罪，在提起公诉前如实供述自己罪行、真诚悔罪、积极退赃，避免、减少损害结果的发生，有第一项规定情形的，可以从轻、减轻或者免除处罚；有第二项、第三项规定情形的，可以从轻处罚。

犯第一款罪，有第三项规定情形被判处死刑缓期执行的，人民法院根据犯罪情节等情况可以同时决定在其死刑缓期执行二年期满依法减为无期徒刑后，终身监禁，不得减刑、假释。

本案中，朱某身为国有企业中从事公务的工作人员，与吴某相互勾结，利用其职务便利，盗取国有资产价值129425元，数额特别巨大，二人的行为均构成贪污罪。根据刑法规定，朱某、吴某依法应在"十年以上有期徒刑或者无期徒刑"的法定刑幅度以内处以适当刑罚；朱某能如实供述自己的犯罪事实，认罪态度较好；吴某主动投案；朱某、吴某已退回部分赃款，减少了国有资产的损失。法院可以根据情节轻重充分考虑上述量刑情节予以从轻或减轻处罚。

据此，法院判决：朱某犯贪污罪，判处有期徒刑十年零六个月，并处罚金人民币5000元；吴某犯贪污罪，判处有期徒刑十年，并处罚金人民币5000元。

第三节　中央储备粮的动用

一、动用预警机制

国务院发展改革部门及国家粮食行政管理部门，应当完善中央储备粮的动用预警机制，加强对需要动用中央储备粮情况的监测，适时提出动用中央储备粮的建议。

二、动用中央储备粮的情形

出现下列情况之一的，可以动用中央储备粮：

第一，全国或者部分地区粮食明显供不应求或者市场价格异常波动。

第二，发生重大自然灾害或者其他突发事件需要动用中央储备粮。

第三，国务院认为需要动用中央储备粮的其他情形。

三、动用方案

动用中央储备粮，由国务院发展改革部门及国家粮食行政管理部门会同国务院财政部门提出动用方案，报国务院批准。动用方案应当包括动用中央储备粮的品种、数量、质量、价格、使用安排、运输保障等内容。

国务院发展改革部门及国家粮食行政管理部门，根据国务院批准的中央储备粮动用方案下达动用命令，由中国储备粮管理总公司具体组织实施。紧急情况下，国务院直接决定动用中央储备粮并下达动用命令。国务院有关部门和有关地方人民政府对中央储备粮动用命令的实施，应当给予支持、配合。

任何单位和个人不得拒绝执行或者擅自改变中央储备粮动用命令。

任何单位和个人不得擅自动用储备粮

2007年6月初至2009年4月，李某在担任国有控股的甲粮油食品有限公司经理期间，在明知违反程序销售地储粮是违法的情况下，先后二次将甲粮油食品有限公司保管的该县地储粮50万公斤销售后买进。2009年5月，李某为了还前两次买卖地储粮的借款，再次把50万公斤地储粮销售，获款920564.15元，其中用于偿还前借款本息66万元。2009年5、6月份，该县粮食局发现甲粮油食品有限公司擅自销售地储粮，责成其补回粮食，李某就开始收购小麦，先是收购当地小麦255481公斤，但是仍有价值三十余万元的地储粮未补足，在公司已无收购粮食资金的情况下，李某继续组织收购小麦，后因无法支付收购丙县粮农的小麦款，引起群众上访，造成恶劣社会影响及三十余万元的经济损失。

 释解

我国刑法第三百九十七条第一款规定，国家机关工作人员滥用职权或者玩忽职守，致使公共财产、国家和人民利益遭受重大损失的，处三年以下有期徒刑或者拘役；情节特别严重的，处三年以上七年以下有期徒刑。本法另有规定的，依照规定。

《中央储备粮管理条例》第五条规定，中央储备粮的管理应当严格制度、严格管理、严格责任，确保中央储备粮数量真实、质量良好和储存安全，确保中央储备粮储得进、管得好、调得动、用得上并节约成本、费用。未经国务院批准，任何单位和个人不得擅自动用中央储备粮。

本案中，李某在担任国有控股的甲粮油食品有限公司经理期间，违反上述储备粮管理条例规定，超越职权擅自买卖储备粮，引发群众上访，造成恶劣社会影响，构成滥用职权罪。如果李某认罪态度较好，可酌情从轻处罚。

据此，法院判决李某犯滥用职权罪，判处有期徒刑一年，缓刑二年。

第四节　监督检查

一、国家监督检查

国家粮食行政管理部门、国务院财政部门按照各自职责，依法对中国储备粮管理总公司及其分支机构、承储企业执行《中央储备粮食管理条例》及有关粮食法规的情况，进行监督检查。

粮食法律知识读本

128

（以案释法版）

（一）国家监督检查的职权范围

国家粮食行政管理部门、国务院财政部门在监督检查过程中，可以行使下列职权：

第一，进入承储企业检查中央储备粮的数量、质量和储存安全。

第二，向有关单位和人员了解中央储备粮收购、销售、轮换计划及动用命令的执行情况。

第三，调阅中央储备粮经营管理的有关资料、凭证。

第四，对违法行为，依法予以处理。

（二）国家监督检查的情形

国家粮食行政管理部门、国务院财政部门在监督检查中，发现中央储备粮数量、质量、储存安全等方面存在问题，应当责成中国储备粮管理总公司及其分支机构、承储企业立即予以纠正或者处理；发现中央储备粮代储企业不再具备代储条件，国家粮食行政管理部门应当取消其代储资格；发现中国储备粮管理总公司直属企业存在不适于储存中央储备粮的情况，国家粮食行政管理部门应当责成中国储备粮管理总公司对有关直属企业限期整改。

（三）国家监督检查的程序

国家粮食行政管理部门、国务院财政部门的监督检查人员应当将监督检查情况作出书面记录，并由监督检查人员和被检查单位的负责人签字。被检查单位的负责人拒绝签字的，监督检查人员应当将有关情况记录在案。

除了国家粮食行政管理部门、国务院财政部门外，审计机关依照审计法规定的职权和程序，对有关中央储备粮的财务收支情况实施审计监督；发现问题，应当及时予以处理。

（四）检监督检查的效力

中国储备粮管理总公司及其分支机构、承储企业，对国家粮食行政管理部门、国务院财政部门、审计机关的监督检查人员依法履行职责，应当予以配合。

任何单位和个人不得拒绝、阻挠、干涉国家粮食行政管理部门、国务院财政部门、审计机关的监督检查人员依法履行监督检查职责。

二、其他监督

（一）中国储备粮管理总公司的监督

中国储备粮管理总公司及其分支机构应当加强对中央储备粮的经营管理和检查，对中央储备粮的数量、质量存在的问题，应当及时予以纠正；对危及中央储备粮储存安全的重大问题，应当立即采取有效措施予以处理，并报告国家粮食行政管理部门、国务院财政部门及中国农业发展银行。

（二）中国农业发展银行的监督

中国农业发展银行应当按照资金封闭管理的规定，加强对中央储备粮贷款的信贷监管。中国储备粮管理总公司及其分支机构、承储企业对中国农业发展银行依法进行的信贷监管，应当予以配合，并及时提供有关资料和情况。

第五节　相关法律责任

一、国家机关工作人员法律责任

国家机关工作人员违反《中央储备粮管理条例》规定，有下列行为之一的，给予警告直至撤职的行政处分；情节严重的，给予降级直至开除的行政处分；构成犯罪的，依法追究刑事责任：

第一，不及时下达中央储备粮收购、销售及年度轮换计划的。

第二，给予不具备代储条件的企业代储中央储备粮资格，或者发现中央储备粮代储企业不再具备代储条件不及时取消其代储资格的。

第三，发现中国储备粮管理总公司直属企业存在不适于储存中央储备粮的情况不责成中国储备粮管理总公司对其限期整改的。

第四，接到举报、发现违法行为不及时查处的。

二、中国储备粮管理总公司及其分支机构法律责任

中国储备粮管理总公司及其分支机构违反《中央储备粮管理条例》规定，有下列行为之一的，由国家粮食行政管理部门责令改正；对直接负责的主管人员和其他直接责任人员，责成中国储备粮管理总公司给予警告直至撤职的纪律处分；情节严重的，对直接负责的主管人员和其他直接责任人员给予降级直至开除的纪律处分；构成犯罪的，依法追究刑事责任：

第一，拒不组织实施或者擅自改变中央储备粮收购、销售、年度轮换计划及动用命令的。

第二，选择未取得代储中央储备粮资格的企业代储中央储备粮的。

第三，发现中央储备粮的数量、质量存在问题不及时纠正，或者发现危及中央储备粮储存安全的重大问题，不立即采取有效措施处理并按照规定报告的。

第四，拒绝、阻挠、干涉国家粮食行政管理部门、国务院财政部门、审计机关的监督检查人员依法履行监督检查职责的。

三、承储企业法律责任

承储企业的法律责任是本节中的重要内容之一，必须全面地去分析把握，主要有以下四种情形：

（一）第一种情形

承储企业违反《中央储备粮管理条例》规定，有下列行为之一的，由国家粮食

行政管理部门责成中国储备粮管理总公司对其限期改正；情节严重的，对中央储备粮代储企业，还应当取消其代储资格；对直接负责的主管人员和其他直接责任人员给予警告直至开除的纪律处分；构成犯罪的，依法追究刑事责任：

第一，入库的中央储备粮不符合质量等级和国家标准要求的。

第二，对中央储备粮未实行专仓储存、专人保管、专账记载，中央储备粮账账不符、账实不符的。

第三，发现中央储备粮的数量、质量和储存安全等方面的问题不及时处理，或者处理不了不及时报告的。

第四，拒绝、阻挠、干涉国家粮食行政管理部门、国务院财政部门、审计机关的监督检查人员或者中国储备粮管理总公司的检查人员依法履行职责的。

（二）第二种情形

承储企业违反《中央储备粮管理条例》规定，有下列行为之一的，由国家粮食行政管理部门责成中国储备粮管理总公司对其限期改正；有违法所得的，没收违法所得；对直接负责的主管人员给予降级直至开除的纪律处分；对其他直接责任人员给予警告直至开除的纪律处分；构成犯罪的，依法追究刑事责任；对中央储备粮代储企业，取消其代储资格：

第一，虚报、瞒报中央储备粮数量的。

第二，在中央储备粮中掺杂掺假、以次充好的。

第三，擅自串换中央储备粮的品种、变更中央储备粮储存地点的。

第四，造成中央储备粮陈化、霉变的。

第五，拒不执行或者擅自改变中央储备粮收购、销售、轮换计划和动用命令的。

第六，擅自动用中央储备粮的。

第七，以中央储备粮对外进行担保或者清偿债务的。

（三）第三种情形

承储企业违反《中央储备粮管理条例》规定，以低价购进高价入账、高价售出低价入账、以旧粮顶替新粮、虚增入库成本等手段套取差价，骗取中央储备粮贷款和贷款利息、管理费用等财政补贴的，由国家粮食行政管理部门、国务院财政部门按照各自职责责成中国储备粮管理总公司对其限期改正，并责令退回骗取的中央储备粮贷款和贷款利息、管理费用等财政补贴；有违法所得的，没收违法所得；对直接负责的主管人员给予降级直至开除的纪律处分；对其他直接责任人员给予警告直至开除的纪律处分；构成犯罪的，依法追究刑事责任；对中央储备粮代储企业，取消其代储资格。

（四）第四种情形

中央储备粮代储企业将中央储备粮轮换业务与其他业务混合经营的，由国家粮食行政管理部门责成中国储备粮管理总公司对其限期改正；对直接负责的主管人员给予警告直至降级的纪律处分；造成中央储备粮损失的，对直接负责的主管人员给予撤职直至开除的纪律处分，并取消其代储资格。

四、其他法律责任

（一）有关财产法律责任

违反《中央储备粮管理条例》规定，挤占、截留、挪用中央储备粮贷款或者贷款利息、管理费用等财政补贴，或者擅自更改中央储备粮入库成本的，由国务院财政部门、中国农业发展银行按照各自职责责令改正或者给予信贷制裁；有违法所得的，没收违法所得；对直接负责的主管人员和其他直接责任人员依法给予撤职直至开除的纪律处分；构成犯罪的，依法追究刑事责任。

（二）有关渎职法律责任

国家机关和中国农业发展银行的工作人员违反《中央储备粮管理条例》规定，滥用职权、徇私舞弊或者玩忽职守，构成犯罪的，依法追究刑事责任；尚不构成犯罪的，依法给予降级直至开除的行政处分或者纪律处分。

（三）其他相关法律责任

违反《中央储备粮管理条例》规定，破坏中央储备粮仓储设施，偷盗、哄抢、损毁中央储备粮，构成犯罪的，依法追究刑事责任；尚不构成犯罪的，依照《中华人民共和国治安管理处罚法》的规定予以处罚；造成财产损失的，依法承担民事赔偿责任。

《中央储备粮管理条例》规定的对国家机关工作人员的行政处分，依照《中华人民共和国公务员法》的规定执行；对中国储备粮管理总公司及其分支机构、承储企业、中国农业发展银行工作人员的纪律处分，依照国家有关规定执行。

以案释法 28

银行行长违反规定发放贷款

2006年，甲药业集团公司实际控制人代某因发展硫氰酸红霉素项目缺少资金，找时任中国农业发展银行乙市分行行长的李某请求提供贷款支持。李某为支持代某的企业发展硫氰酸红霉素项目，建议代某以政、银、企三方合作的形式申请储备粮贷款，同时说明申请储备粮贷款需要先由政府认定企业的粮食储备资格并下达粮食储备任务。代某又找到时任乙市市中区区委书记周某，由周某指使有关政府部门为甲药业集团公司违规出具了地方储备粮资格认定等一系列文件。2006年3月16日，农发行乙市分行、甲药业集团公司及政府有关部门签订了政、银、企三方合作协议。2006年3月至2008年1月期间，李某违反有关规定，利用行长职权促使贷审会同意向甲药业集团公司签批发放2.99亿元地方储备粮贷款。上述资金贷出后均未用于地方储备粮收购和贮藏。储备粮贷款期满后，农发行乙市分行仅收回30.5万元。

一审法院判决：李某犯违法发放贷款罪，判处有期徒刑九年，并处罚金人民币12万元。

一审宣判后，李某不服，向法院提出上诉。李某上诉称，中国农业发展银行乙市分行以政、银、企三方合作的模式发放储备粮贷款属于金额改革和创新，虽有违规、违纪问题，但尚未达到犯罪的程度，不应追究刑事责任；其未违反刑法意义上的"国家规定"，不适用刑法的有关条款；涉案贷款有财产作为抵押，未给银行造成损失；原判定性不准，适用法律错误，请求依法改判。李某的辩护人除同意李某提出的意见外，还提出，本案系单位犯罪，而非个人犯罪；涉案的储备粮贷款已全额收回，未造成损失；前两批贷款1.51亿元发生在法条修改前，不应认定为犯罪数额，即使认定，在量刑时也应从轻处罚。

二审法院认为，李某作为银行工作人员，明知甲酒精厂（甲酒业公司）、甲制药公司不具备地方储备粮资格和条件，仍违反《金融违法行为处罚办法》《粮食流通管理条例》以及农发行根据《国务院关于进一步深化粮食流通体制改革的意见》和《中央储备粮管理条例》等国家规定和行业内部规定，发放储备粮贷款2.99亿元，该储备粮贷款到期后未能得到及时清偿。后虽违规转为项目贷款，但已给银行造成特别重大损失，依法应以违法发放贷款罪定罪处罚，据此请求对其从轻处罚的诉、辩意见，二审法院不予采纳。

原判决认定事实和适用法律正确、量刑适当，审判程序合法。依照《中华人民共和国刑事诉讼法》第二百二十五条第（一）项之规定：第二审人民法院对不服第一审判决的上诉、抗诉案件，经过审理后，认为原判决认定事实和适用法律正确、量刑适当的，应当裁定驳回上诉或者抗诉，维持原判。

二审法院最终裁定驳回上诉，维持原判。

 释解

我国刑法第一百八十六条规定，银行或者其他金融机构的工作人员违反国家规定发放贷款，数额巨大或者造成重大损失的，处五年以下有期徒刑或者拘役，并处一万元以上十万元以下罚金；数额特别巨大或者造成特别重大损失的，处五年以上有期徒刑，并处二万元以上二十万元以下罚金。银行或者其他金融机构的工作人员违反国家规定，向关系人发放贷款的，依照前款的规定从重处罚。单位犯前两款罪的，对单位判处罚金，并对其直接负责的主管人员和其他直接责任人员，依照前两款的规定处罚。关系人的范围，依照《中华人民共和国商业银行法》和有关金融法规确定。

《中央储备粮管理条例》第五十六条规定，国家机关和中国农业发展银行的工作人员违反本条例规定，滥用职权、徇私舞弊或者玩忽职守，构成犯罪的，依法追究刑事责任；尚不构成犯罪的，依法给予降级直至开除的行政处分或者纪律处分。

　　本案中，李某作为中国农业发展银行的工作人员，明知甲药业集团公司不具备地方储备粮资格和条件，主动提出以储备粮贷款方式满足甲药业集团公司的流动资金用途，违反相关法律规定，其行为构成违法发放贷款罪，且数额特别巨大，应依据刑法追究其刑事责任。

第八章
粮食流通管理法律制度

粮食的流通是为了保护粮食生产者的积极性，促进粮食生产，维护经营者和消费者的合法权益，保障国家粮食安全，维护粮食流通秩序。《粮食流通管理条例》是依法管粮的首要体现。粮食问题关系国计民生，关系构建和谐社会大局。大意不得，疏忽不得，放松不得。

第一节　粮食经营

一、粮食经营者概念

粮食经营者，是指从事粮食收购、销售、储存、运输、加工、进出口等经营活动的法人、其他经济组织和个体工商户。

从事粮食收购活动的经营者，应当具备下列条件：具备经营资金筹措能力；拥有或者通过租借具有必要的粮食仓储设施；具备相应的粮食质量检验和保管能力。

上述规定的具体条件，由省、自治区、直辖市人民政府规定、公布。

二、从事粮食收购的条件和申请办法

从事粮食收购活动，须取得粮食收购资格，并依照《中华人民共和国公司登记管理条例》等规定办理登记。

申请从事粮食收购活动，应当向办理工商登记的部门同级的粮食行政管理部门提交书面申请，并提供资金、仓储设施、质量检验和保管能力等证明材料。粮食行政管理部门应当自受理之日起15个工作日内完成审核，对符合《粮食流通管理条例》规定的具体条件的申请者作出许可决定并公示。

三、粮食收购者的义务

粮食收购者是指依法从事粮食收购活动的粮食经营者，在依法收购粮食中主要负有以下几点义务：

第一，依法从事粮食收购活动的粮食经营者，应当告知售粮者或者在收购场所公示粮食的品种、质量标准和收购价格。

第二，粮食收购者收购粮食，应当执行国家粮食质量标准，按质论价，不得损害农民和其他粮食生产者的利益；应当及时向售粮者支付售粮款，不得拖欠；不得接受任何组织或者个人的委托代扣、代缴任何税、费和其他款项。

第三，粮食收购者应当向收购地的县级人民政府粮食行政管理部门定期报告粮食收购数量等有关情况。跨省收购粮食，应当向收购地和粮食收购者所在地的县级人民政府粮食行政管理部门定期报告粮食收购数量等有关情况。

第四，从事粮食收购、加工、销售的经营者，必须保持必要的库存量。必要时，由省、自治区、直辖市人民政府规定最低和最高库存量的具体标准。

四、粮食的质量和卫生管理

粮食收购资格证发放后，要更加注重加强监督管理，切实维护粮食收购市场秩序，明确要求取得粮食收购资格的各种所有制的粮食企业都要严格遵守国家法律法规，全面执行国家粮食政策，积极开展粮食收购活动，自觉服从国家宏观调控的需要。具体包括以下五个方面的工作：

（一）切实维护粮食收购和经营秩序

粮食收购者收购粮食，应当执行国家粮食质量标准，按质论价，不得损害农民和其他粮食生产者的利益；应当及时向售粮者支付售粮款，不得拖欠；不得接受任何组织或者个人的委托代扣、代缴任何税、费和其他款项。

销售粮食应当严格执行国家有关粮食质量、卫生标准，不得短斤少两、掺杂使假、以次充好，不得囤积居奇、垄断或者操纵粮食价格、欺行霸市。

（二）严格执行粮食销售出库质量检验制度

粮食储存企业对超过正常储存年限的陈粮，在出库前应当经过粮食质量检验机构进行质量鉴定，凡已陈化变质、不符合食用卫生标准的粮食，严禁流入口粮市场。

（三）严格遵守粮食储运设施标准和技术规范

粮食经营者使用的粮食仓储设施，应当符合粮食储存有关标准和技术规范的要求。粮食不得与可能对粮食产生污染的有害物质混存，储存粮食不得使用国家禁止使用的化学药剂或者超量使用化学药剂。

运输粮食应当严格执行国家粮食运输的技术规范，不得使用被污染的运输工具或者包装材料运输粮食。

（四）严格执行国家有关食品加工销售的质量、卫生标准

从事食用粮食加工的经营者，应当具有保证粮食质量和卫生必备的加工条件，不得有下列行为：使用发霉变质的原粮、副产品进行加工；违反规定使用添加剂；使用不符合质量、卫生标准的包装材料；影响粮食质量、卫生的其他行为。

五、建立粮食统计和台账制度

所有从事粮食收购、销售、储存、加工的粮食经营者以及饲料、工业用粮企业，应当建立粮食经营台账，并向所在地的县级人民政府粮食行政管理部门报送粮食购进、销售、储存等基本数据和有关情况。粮食经营者保留粮食经营台账的期限不得少于3年。粮食经营者报送的基本数据和有关情况涉及商业秘密的，粮食行政管理部门负有保密义务。

国家粮食流通统计制度，由国家粮食行政管理部门制定，报国务院统计部门批准。

 以案释法 29

粮食收购应建立粮食经营台账

2015年12月，某县粮食局在执行粮食行政执法检查中发现辖区内某粮食收储公司在粮食收购业务中未按规定建立粮食经营台账，而后向该局分管行政执法的局领导汇报，县粮食局高度重视，当即决定立案调查，派出执法人员2人前往该公司进行调查，执法人员首先向该公司亮出《粮食监督检查证》，说明来意，下达了《行政处罚事先告知书》，而后展开调查工作，现场做了调查笔录、录音等相关工作，并让该公司领导及财物当事人在调查笔录上签字。

执法人员调查完毕后，形成调查报告，连同调查证据材料一起提交分管领导审查，由县粮食局领导集体研究决定，给予该公司责令改正、予以警告并处分五万元的罚款的行政处罚，县粮食局制作了《行政处罚决定书》，派出执法人员2人前往该公司进行送达，并让公司领导在《送达通知书》上签字。

 释解

《粮食流通管理条例》第二十二条规定，所有从事粮食收购、销售、储存、加工的粮食经营者以及饲料、工业用粮企业，应当建立粮食经营台账，并向所在地的县级人民政府粮食行政管理部门报送粮食购进、销售、储存等基本数据和有关情况。第四十三条规定，从事粮食收购、销售、储存、加工的粮食经营者以及饲料、工业用粮企业未建立粮食经营台账，或者未按照规定报送粮食基本数据和有关情况的，

由粮食行政管理部门责令改正，予以警告，可以处20万元以下的罚款；情节严重的，并由粮食行政管理部门暂停或者取消粮食收购资格。

本案中的粮食收储公司没有建立粮食经营台账，违反了《粮食流通管理条例》的规定，应该进行处罚。县粮食局派出两名调查人员进行执法，且亮证执法，下达处罚告知书，制作调查笔录、录音等证据资料等符合执法程序。

第二节　市场供需

一、建立分级粮食储备制度

《粮食流通管理条例》规定，国家采取储备粮吞吐、委托收购、粮食进出口等多种经济手段和价格干预等必要的行政手段，加强对粮食市场的调控，保持全国粮食供求总量基本平衡和价格基本稳定。

国家实行中央和地方分级粮食储备制度。粮食储备用于调节粮食供求，稳定粮食市场，以及应对重大自然灾害或者其他突发事件等情况。

二、建立健全粮食风险基金制度

粮食风险基金是对粮食市场风险和产业风险的双重风险目标的宏观调控资金，其作为一种风险补贴政策，通过保证粮食储备制度的有效运作和粮食价格支持政策的落实，实现稳定粮食市场和保障粮食安全的政策目标。

国务院和地方人民政府应建立健全粮食风险基金制度，将其主要用于对种粮农民直接补贴、支持粮食储备、稳定粮食市场等，从而确保推进粮食流通体制改革，实现用经济手段调控粮食市场的战略意图。另外，国务院和地方人民政府财政部门负责粮食风险基金的监督管理，确保专款专用。

三、政府低价收购和价格干预

当粮食供求关系发生重大变化时，为保障市场供应、保护种粮农民利益，必要时可由国务院决定对短缺的重点粮食品种在粮食主产区实行最低收购价格。粮食收购是粮食流通的初始环节，政府实行最低价格收购，有利于保护粮食生产者利益，是当今世界各国的通行做法。但需要注意的是，政府在制定并实施粮食最低收购价格时，应处理好政策的调控作用和市场机制调节作用的关系，防止对市场造成过度干预。

当粮食价格显著上涨或者有可能显著上涨时，国务院和省、自治区、直辖市人民政府可以按照《中华人民共和国价格法》的规定，采取价格干预措施。《中华人民共和国价格法》第三十条规定，当重要商品和服务价格显著上涨或者有可能显著上涨，国务院和省、自治区、直辖市人民政府可以对部分价格采取限定差价率或者利润率、规定限价、实行提价申报制度和调价备案制度等干预措施。通常涉及粮食、食用植物油、肉类及其制品，及牛奶、鸡蛋和液化石油气等。

四、建立粮食供需抽查制度

国务院发展改革部门及国家粮食行政管理部门会同农业、统计、产品质量监督等部门负责粮食市场供求形势的监测和预警分析，建立粮食供需抽查制度，发布粮食生产、消费、价格、质量等信息。

五、建立突发事件的应急预案、机制

为全面提高应对各种重大案件的能力，加强粮食宏观调控，保证市场发生异常波动情况下的粮食供应，满足社会消费需求，维护社会稳定，在重大自然灾害、重大疫情或者其他突发事件引起粮食市场供求异常波动时，国家实施粮食应急机制。

国家建立突发事件的粮食应急体系。国务院发展改革部门及国家粮食行政管理部门会同国务院有关部门制定全国的粮食应急预案，报请国务院批准。省、自治区、直辖市人民政府根据本地区的实际情况，制定本行政区域的粮食应急预案。启动全国的粮食应急预案，由国务院发展改革部门及国家粮食行政管理部门提出建议，报国务院批准后实施；启动省、自治区、直辖市的粮食应急预案，由省、自治区、直辖市发展改革部门及粮食行政管理部门提出建议，报本级人民政府决定，并向国务院报告。粮食应急预案启动后，所有粮食经营者必须按国家要求承担应急任务，服从国家的统一安排和调度，保证应急工作的需要。

最后，还要加强粮食应急队伍建设。各省、自治区、直辖市等应建立粮食应急培训制度，定期对应急人员进行专业、系统的培训，提高应急人员的意识水平和专业能力。有条件的情况下还应聘用高技能的专业人才作为应急人员，增强应急队伍的整体素质，从而提高粮食应急系统的整体运作能力。

 以案释法 30

某牛肉面限价案

2015年6月，某牛肉面"限价令"风波成为社会关注的焦点。原价小碗的牛肉面和大腕的牛肉面分别从2.30元涨到2.80元，从2.50元涨到3.0元。调价的理由是原料上涨、成本增加等。牛肉面价格"跟风上涨"引起了许多市民的质疑，有的市民还拨打物价局价格举报中心电话进行咨询和举报。于是在6月下旬，该市物价局联合工商局、质监局、卫计委和该牛肉拉面行业协会等五个部门，出台正式文件，根据经营环境，技术力量，服务水平和饭菜质量等，把该市的牛肉面馆（店）划分为特级、一级、二级、普通级等四个级别，并限制每个级别的最高售价。其中，普通级小碗

不得超过8元，大碗不超过10元（即近日涨价前市面的通行价格）；二级可在普通级的基础上加价8%；特级、一级由经营企业按当地饮食业关于毛利率和加价率的规定自行确定。这一文件随即被称为"限价令"并引起了的社会广泛关注。

释解

《粮食流通管理条例》第二十七条第二款规定，当粮食价格显著上涨或者有可能显著上涨时，国务院和省、自治区、直辖市人民政府可以按照《中华人民共和国价格法》的规定，采取价格干预措施。《中华人民共和国价格法》第三十条规定，当重要商品和服务价格显著上涨或者有可能显著上涨，国务院和省、自治区、直辖市人民政府可以对部分价格采取限定差价率或者利润率、规定限价、实行提价申报制度和调价备案制度等干预措施。

本案中，牛肉面的价格很显然不属于显著上涨，而且牛肉面也不符合价格法中的重要商品或服务，因此，本案中物价局联合某市工商局、质监局、卫计委和该牛肉拉面行业协会等五个部门出台的限价令不能适用《粮食流通管理条例》的规定，五部门无权出台限价令，此行为属于干预市场调节食品价格。

第三节　监督检查

一、粮食行政管理部门

粮食行政管理部门依照本条例对粮食经营者从事粮食收购、储存、运输活动和政策性用粮的购销活动，以及执行国家粮食流通统计制度的情况进行监督检查。

粮食行政管理部门应当根据国家要求对粮食收购资格进行核查。

粮食行政管理部门在监督检查过程中，可以进入粮食经营者经营场所检查粮食的库存量和收购、储存活动中的粮食质量以及原粮卫生；检查粮食仓储设施、设备是否符合国家技术规范；查阅粮食经营者有关资料、凭证；向有关单位和人员调查了解相关情况。

二、检查监督的内容

根据部门职责的不同，对粮食的监督检查内容主要分为以下几点：

（一）产品质量监督部门

产品质量监督部门依照有关法律、行政法规的规定，对粮食加工过程中的以假充真、以次充好、掺杂使假等违法行为进行监督检查。

（二）工商行政管理部门

工商行政管理部门依照有关法律、行政法规的规定，对粮食经营活动中的无照经营、超范围经营以及粮食销售活动中的囤积居奇、欺行霸市、强买强卖、掺杂使假、以次充好等扰乱市场秩序和违法违规交易行为进行监督检查。

（三）卫生部门

卫生部门依照有关法律、行政法规的规定，对粮食加工、销售中的卫生以及成品粮储存中的卫生进行监督检查。

（四）价格主管部门

价格主管部门依照有关法律、行政法规的规定，对粮食流通活动中的价格违法行为进行监督检查。

（五）社会监督

任何单位和个人有权对违反本条例规定的行为向有关部门检举。有关部门应当为检举人保密，并依法及时处理。

对行政执法主体处罚有异议案

某县粮食局执法大队是县政府编制部门批准成立的事业单位。2006年7月，该粮食局执法大队在对该县某粮食企业进行检查中，发现了该粮食企业的违规经营行为并予以纠正，经研究拟给予行政处罚。该县粮食局执法大队向该粮食企业送达了加盖执法大队公章的《行政处罚决定书》。该粮食企业收到《行政处罚决定书》后，对行政执法主体提出异议，认为处罚决定无效，拒绝接受处罚。

本案中所提的异议主要在于该县粮食局执法大队是否能够成为行政执法主体，其作出的行政处罚决定是否具有法律效力。

行政处罚法第十七条规定，法律、法规授权的具有管理公共事务职能的组织可以在法定授权范围内实施行政处罚。另外，具有特定条件的一些组织可以接受行政组织的委托，从事行政执法活动。但这类组织并不是独立的行政执法主体，只能以委托机构的名义在委托权限内执法。

本案中，该县粮食局执法大队对粮食经营者的违规行为进行纠正，并依法对粮食经营者的违规行为进行纠正和给予行政处罚属于粮食行政执法活动，符合《粮食流通管理条例》规定。一般来说，粮食行政执法应由各级粮食行政管理部门行使。但在实际执法过程中，有些地方专门成立了粮食执法大队从事粮食执法活动，这些组织一般都是经过编制管理部门批准成立的事业组织。这些组织的行政执法并不是来自法律、法规的授权，而是来自粮食行政管理部门的委托。因此，本案中的县粮食局执法大队不具备粮食行政执法主体资格，不能以自己的名义独立行使行政执法权，而必须以县粮食局的名义承担相应的法律后果。

 **以案释法 32**

粮食监督检查人员的回避事项

某市粮食局接到举报，称该市某粮食购销公司在收购粮食过程中未公示粮食收购标准和价格，且长时间拖欠售粮农民的售粮款。检查科工作人员李某、王某前往现场调查，李某、王某调查后向市粮食局领导汇报，称该粮食购销公司不存在举报所述的问题，举报不属实。一周后，市粮食局再次接到举报，称王某与该公司法人代表季某系夫妻关系，其身份可能会影响公正执法，要求市粮食局再次予以调查。

 释解

行政处罚法第三十七条第三款规定，执法人员与当事人有直接利害关系的，应当回避。根据《粮食监督检查工作规程（试行）》第十七条对粮食行政执法中的回避制度做了规定，监督检查人员有下列情形之一的，应当自行回避：（一）是监督检查事项当事人近亲属的；（二）与监督检查事项当事人有直接利害关系的；（三）与监督检查事项当事人有其他利害关系，可能影响公正处理的。当事人有权申请监督检查人员回避；是否回避由受理的粮食行政管理部门负责人决定。对监督检查人员的回避决定作出之前，监督检查人员不停止对事项的监督检查。

本案中，检查人员王某和监督检查事项当事人季某为夫妻关系，符合应当回避的情形，当事人有权申请王某回避，是否回避由受理的粮食行政管理部门即市粮食局负责人决定，对监督检查人员的回避决定作出之前，监督检查人员不停止对事项的监督检查。

 **以案释法 33**

粮食加工厂库存原粮质量的监管主体如何确定

2016年5月，有群众向某市粮食局举报，某大米加工厂因原粮仓库渗漏造成稻谷霉变，该厂使用霉变稻谷加工大米，其库存中仍有霉变稻谷。该市粮食局接到举报后，立即派人进行调查。经查，该厂原粮仓库确有渗漏现象，库存稻谷有很浓的霉变气味，市粮食局遂对该厂的库存稻谷采取了先行登记保存措施，并依照程序委托有资质的市粮油质检站取样检验，经市粮油质检站检验，该批稻谷不符合食用卫生标准。市粮食局认为该厂违反了《粮食流通管理条例》第十六条规定，按照《粮食流通管理条例》第四十七条规定，责令该厂立即对有渗漏的仓库进行维修，不符合食有卫生标准的稻谷要在粮食局的监管下运往饲料厂加工成饲料，其中严重霉变的，在粮食局的监督下销毁，并对该厂给予警告。对其涉嫌使用发霉变质稻谷进行加工的行为移交产品质量监督部门处理。该大米加工厂认为，本案的行政执法主体应该是产品质量监督部门，粮食行政管理部门无权对其原粮进行先行登记保存。

 释解

《粮食流通管理条例》第三十四条规定，粮食行政管理部门依照本条例对粮食经营者从事粮食收购、储存、运输活动和政策性用粮的购销活动，以及执行国家粮食流通统计制度的情况进行监督检查。粮食行政管理部门应当根据国家要求对粮食收购资格进行核查。粮食行政管理部门在监督检查过程中，可以进入粮食经营者经营场所检查粮食的库存量和收购、储存活动中的粮食质量以及原粮卫生；检查粮食仓储设施、设备是否符合国家技术规范；查阅粮食经营者有关资料、凭证；向有关单位和人员调查了解相关情况。

《粮食流通管理条例》第三十五条规定，产品质量监督部门依照有关法律、行政法规的规定，对粮食加工过程中的以假充真、以次充好、掺杂使假等违法行为进行监督检查。第五十一条第三款规定，粮食加工，是指通过处理将原粮转化成半成品粮、成品粮，或者将半成品粮转化成成品粮的经营活动。

本案中，对粮食储存活动中的质量及原粮卫生的监管职责属于粮食行政管理部门。粮食行政管理部门在履行监管职责过程中，监督检查人员可以进入粮食经营者经营场所检查粮食的库存量和收购、储存活动中的营粮食质量以及原粮卫生。粮食加工过程的监管职责属于产品质量监督部门。产品质量监督部门监管范围是从原粮或半成品粮加工开始到加工结束的过程。因此，本案中的粮食行政管理部门有权对该大米加工厂进行登记保存和处罚。

第四节　相关法律责任

一、非法从事粮食收购活动的责任

未经粮食行政管理部门许可擅自从事粮食收购活动的，由粮食行政管理部门没收非法收购的粮食；情节严重的，并处非法收购粮食价值1倍以上5倍以下的罚款；构成犯罪的，依法追究刑事责任。

二、不正当手段取得收购资格许可的责任

以欺骗、贿赂等不正当手段取得粮食收购资格许可的，由粮食行政管理部门取消粮食收购资格，没收违法所得；构成犯罪的，依法追究刑事责任。

粮食行政管理部门工作人员办理粮食收购资格许可，索取或者收受他人财物或者谋取其他利益，构成犯罪的，依法追究刑事责任；尚不构成犯罪的，依法给予行政处分。

三、收购者违反义务的责任

粮食收购者有未按照规定告知、公示粮食收购价格或者收购粮食压级压价，垄断或者操纵价格等价格违法行为的，由价格主管部门依照《中华人民共和国价格法》的有关规定给予行政处罚。

有下列情形之一的，由粮食行政管理部门责令改正，予以警告，可以处20万元以下的罚款；情节严重的，并由粮食行政管理部门暂停或者取消粮食收购资格：

第一，粮食收购者未执行国家粮食质量标准的。

第二，粮食收购者被售粮者举报未及时支付售粮款的。

第三，粮食收购者违反本条例规定代扣、代缴税、费和其他款项的。

第四，从事粮食收购、销售、储存、加工的粮食经营者以及饲料、工业用粮企业未建立粮食经营台账，或者未按照规定报送粮食基本数据和有关情况的。

第五，接受委托的粮食经营者从事政策性用粮的购销活动未执行国家有关政策的。

四、陈化粮的相关责任

陈粮出库未按照本条例规定进行质量鉴定的，由粮食行政管理部门责令改正，给予警告；情节严重的，处出库粮食价值1倍以上5倍以下的罚款。

倒卖陈化粮或者不按照规定使用陈化粮的，由工商行政管理部门没收非法倒卖的粮食，并处非法倒卖粮食价值20%以下的罚款；情节严重的，由工商行政管理部门并处非法倒卖粮食价值1倍以上5倍以下的罚款，吊销营业执照；构成犯罪的，依法追究刑事责任。

五、库存量不合格的责任

从事粮食收购、加工、销售的经营者的粮食库存低于规定的最低库存量的，由粮食行政管理部门责令改正，给予警告；情节严重的，处不足部分粮食价值1倍以上5倍以下的罚款，并可以取消粮食收购资格。

从事粮食收购、加工、销售的经营者的粮食库存超出规定的最高库存量的，由粮食行政管理部门责令改正，给予警告；情节严重的，处超出部分粮食价值1倍以上5倍以下的罚款，并可以取消粮食收购资格。

六、违反对粮食的质量和卫生管理的责任

粮食经营者未按照本条例规定使用粮食仓储设施、运输工具的，由粮食行政管理部门或者卫生部门责令改正，给予警告；被污染的粮食不得非法销售、加工。

违反《粮食流通管理条例》规定的，从事食用粮食加工的经营者禁止的行为的，由产品质量监督部门、工商行政管理部门、卫生部门等依照有关法律、行政法规的规定予以处罚。

七、其他机构和人员违法责任

财政部门未按照国家关于粮食风险基金管理的规定及时、足额拨付补贴资金，或者挤占、截留、挪用补贴资金的，由本级人民政府或者上级财政部门责令改正，对有关责任人员依法给予行政处分；构成犯罪的，依法追究有关责任人员的刑事责任。

违反《粮食流通管理条例》规定，阻碍粮食自由流通的，依照《国务院关于禁止在市场经济活动中实行地区封锁的规定》予以处罚。

监督检查人员违反本条例规定，非法干预粮食经营者正常经营活动的，依法给予行政处分；构成犯罪的，依法追究刑事责任。

 以案释法 34

粮食收购者计量器具不合格案

在夏粮收购时，某粮食局和工商局组成"联合执法办公室"进行联合巡查，发现个体工商户李某未经粮食部门许可擅自从事早稻收购活动，且李某对其携带的杆秤极力遮掩。经仔细查看，发现他在杆秤的头扭处设置了可移动伸缩的档位，在称粮时只要调整秤杆的支点，即可使所称粮食的实际重量减少或增加。当天，李某以每50千克65元的价格共收购早稻1190千克。执法人员对其所收粮食过磅，实际重量为1444.5千克，克扣农民早稻254.5千克，给售粮农民造成了经济损失。执法人员对李某租用的存粮库房查看，发现在本收购季节内，李某收购入库的早稻已达150吨。

联合检查后，县粮食局对李某未经许可从事粮食收购活动的行为进行了批评教育，要求其按规定办理粮食收购许可证，并将有关材料移交工商部门处理。县粮食局、工商局将李某涉嫌使用不合格计量器具的问题移交计量行政管理部门处理。

 释解

《粮食流通管理条例》第四十条规定，未经粮食行政管理部门许可擅自从事粮

食收购活动的，由粮食行政管理部门没收非法收购的粮食；情节严重的，并处非法收购粮食价值1倍以上5倍以下的罚款；构成犯罪的，依法追究刑事责任。由粮食行政管理部门查出的，移交工商行政管理部门按照前款规定予以处罚。

《中华人民共和国计量法实施细则》第二十六条规定，国务院计量行政部门和县级以上地方人民政府计量行政部门监督和贯彻实施计量法律、法规的职责是：（一）贯彻执行国家计量工作的方针、政策和规章制度，推行国家法定计量单位；（二）制定和协调计量事业的发展规划，建立计量基准和社会公用计量标准，组织量值传递；（三）对制造、修理、销售、使用计量器具实施监督；（四）进行计量认证，组织仲裁检定，调解计量纠纷；（五）监督检查计量法律、法规的实施情况，对违反计量法律、法规的行为，按照本细则的有关规定进行处理。

《中华人民共和国计量法实施细则》第五十三条规定，制造、销售、使用以欺骗消费者为目的的计量器具的单位和个人，没收其计量器具和全部违法所得，可并处二千元以下的罚款；构成犯罪的，对个人或者单位直接责任人员，依法追究刑事责任。

依上述规定，本案中李某未经粮食行政管理部门许可擅自从事粮食收购活动，应要求其按规定办理粮食收购许可证，并将有关材料移交工商部门处理。而对于李某使用欺骗农民的计量器具，计量行政部门应没收其计量器具和全部违法所得，也可并处二千元以下的罚款。

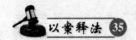
以案释法 35

粮食行政主管部门主动纠正错误处罚案

2006年9月30日，某县粮食行政执法大队一行3人在对粮食市场进行监督检查时，发现挂有邻省牌照的一辆载重量10吨的汽车正在装载稻谷。调查询问中，司机李某称，他是按照某粮食储运公司要求运输粮食的，有汽车上路营运的手续，对其他情况并不了解，也无法提供粮食收购许可证和营业执照。据此，执法人员认为司机李某的粮食收购行为属无证经营，李某谎称为某粮食储公司运输粮食是为了逃避粮食行政管理部门的检查和处罚。

执法人员认定，邻省某县粮食储备公司的行为是无证经营，违反了《粮食流通管理条例》第九条规定，依照《中华人民共和国公司登记管理条例》等规定办理登记的经营者，取得粮食收购资格后，方可从事粮食收购活动。第十二条规定，粮食收购者应当向收购地的县级人民政府粮食行政管理部门定期报告粮食收购数量等有关情况。跨省收购粮食，应当向收购地和粮食收购者所在地的县级人民政府粮食行政管理部门定期报告粮食收购数量等有关情况。但考虑到邻省运输路程较远，且当时天色已晚，因此按照《粮食监督检查行政处罚程序（试行）》简易程序第十六条规定，给予该粮食储运公司当场罚款1000元的处罚。司机李某代表某粮食储运公司在罚单上签字。10月11日，县粮食局接到邻省某县粮食储运公司申诉函，称该公司与某县粮食购销公司签有长期运输合同，其在邻省收购的粮食均由储运公司负责运输；李某是储运公司正式职工，9月30日的行为是储运公司履行运输合同，不属于粮食收购行为，并未违反《粮食流通管理条例》有关规定，9月30日的处罚决定没有依据；要求撤销处罚决定，退回罚款。对申诉的内容，县粮食局经过核实后，认为情况属实，属于误罚，应主动纠正。

释解

粮食行政管理部门作出错误行政处罚决定后，能否自行予以纠正，根据《粮食监督检查行政处罚程序（试行）》第二十六条规定，粮食经营者对粮食行政管理部门及其执法人员作出的行政处罚有权提出申诉和检举；粮食行政管理部门应当认真审查，发现确有错误的，应当主动改正。

本案中涉及的是行政行为的撤销问题。行政行为的撤销是指在相应行为具备可撤销的情形时，由国家授权机关作出撤销决定而使之失去法律效力。行政部门经查证核实后，确认执法有误，行政行为合法条件明显缺损，才具备行政行为撤销的条件，可以撤销自己的错误行政行为。本案中，粮食行政管理部门误将粮食运输企业作为无证收购粮食的企业而作出处罚决定，出现被处罚主体认定错误，从而导致执法内容不合法，经县粮食局查证核实后，确认执法有误，行政行为合法条件明显缺损，具备行政行为撤销条件。行政部门可以撤销自己的错误行政行为。行政部门主动撤销错案，不仅可以维护自身公平公正执法的形象，维护当事人的合法权益，而且可以使纠错更加及时、行政成本更低、工作效率更高。

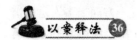

以案释法 36

在执法程序中改变处罚决定是否需要再次告知

群众举报某省A企业（长江以北）销售已储存了4年以上的小麦时，未请有资质的检验机构进行质量检验。经县粮食局调查，发现A企业正在销售出库的10吨小麦的储存年限确已达4年，属陈粮。此前，A企业也发生过同类问题，并被县粮食局给予过警告。经检查还发现A企业销售的小麦用未清扫的运煤汽车装运，造成对小麦的污染。县粮食局认为，按照规定，陈粮出库应由有资质的检验机构进行质量鉴定，而A企业不仅未请有资质的检验机构对超过正常储存年限的小麦进行质量检验，且自己也未进行小麦出库质量检验，其销售出库的小麦还存在运输污染的问题，A企业违反了《粮食流通管理条例》第十六条、第十九条，及《粮食质量监管实施办法（试行）》第八条第五项、第九条之规定。经研究，拟按照《粮食流通管理条例》第四十五条、第四十七条，以及《粮食流通监督检查暂行办法》第二十七条、二十九条的规定，给予A公司警告、罚款15000元的处罚，并向A公司下达了《行政处罚事先告知书》。在准备作出正式处罚决定时，执法人员发现上述判定不够准确，A公司该批正在销售出库的小麦虽然储存年限接近4年，但按收获年限的季节计算尚差2个月，因此，不应按违反陈粮出库质量检验规定进行处理。经再次研究，县粮食局将处理决定改为A公司使用被污染的运输工具运输粮食造成粮食污染，违反了《粮食流通管理条例》第十六条，及《粮食流通管理条例》第四十七条的规定，以及《粮食流通监督检查暂行办法》第二十九条规定，责令A企业立即整改，并给予了警告。A企业接到整改通知书和行政处罚决定书后，向县粮食局提出异议，并拒绝执行。A企业认为县粮食局虽然向当事人履行了告知义务，但向其告知的内容与处罚的内容不同，对新的处理内容县粮食局未向其告知，剥夺了当事人的知情权和陈述申辩权，属于程序违法，该处理决定不具有法律效力。

 释解

　　行政处罚事先告知的目的是保证行政处罚的准确性，保证当事人的合法权益。在实施行政处罚中，办案机关必须向当事人履行告知义务。至于告知后改变处理决定是否应当再次告知，在办案中不能一概而论，而要根据案件具体情形进行具体分析。

　　不需要告知的情形和理由：如果行政处罚告知后仅降低了行政处罚的幅度，或者虽然改变了处罚的事实、理由及依据，但这种改变是因采纳了当事人的陈述申辩和听证理由而改变的，则不需要再次向当事人告知。这种改变一方面当事人是知情的，不再次告知不会侵犯行政处罚的知情权；另一方面也是当事人主张权利的结果，当事人对自己主张权利的结果不存在再次要求陈述申辩和要求听证的问题。这也有利于提高行政效率，降低行政执法成本。

　　应当再次告知的情形和理由：行政处罚告知后，如果不是采纳当事人的陈述申辩、听证理由，而是根据重新调查取证情况改变了处罚的事实、理由和依据，则应该向当事人再次告知。这种改变了的事实、理由和依据，当事人在接到处罚决定前是不知情的，不再次告知显然剥夺了当事人的知情权，直接背离了行政处罚法设定告知程序的目的。

　　本案中，县粮食局作出新的处理决定前，应当再次向当事人履行告知义务，然后再重新下达处理决定。本案第一个《行政处罚事先告知书》，在准备作出正式处罚决定时，执法人员发现上述判定不够准确，主要是销售出库的小麦虽然储存年限接近4年，但按收获年限的季节计算尚差2个月，因此，不应按违反陈粮出库质量检验规定进行处理。后又重新作出责令 A 企业立即整改，并给予警告的决定，应再次告知当事人。

第九章
粮油仓储管理法律制度

所谓民以食为天，粮食是我们人类赖以生存的必需品，是关系国计民生的特殊商品。粮油是对谷类、豆类等粮食和油料及其加工成品和半成品的统称。如果说粮食是人类生活的必需品，那么粮油则是粮食中的必需品，随着粮食的流通发展，粮油的仓储就显得尤为重要，为了规范粮油仓储单位的粮油仓储活动，维护粮食流通秩序，保障国家粮食安全，根据《粮食流通管理条例》《中央储备粮管理条例》和相关法律法规，我国制定了《粮油仓储管理办法》，不仅对粮油的仓储单位建立备案制度做了规定，还对粮油出入库以及储存也做了相应规定，以便发挥其最大的作用稳定粮食安全，保护人民利益和国家利益。

第一节　粮油仓储单位备案管理

一、粮油仓储单位

粮油仓储单位，是指仓容规模500吨以上或者罐容规模100吨以上，专门从事粮油仓储活动，或者在粮油收购、销售、运输、加工、进出口等经营活动过程中从事粮油仓储活动的法人和其他组织。

二、备案管理

粮油仓储单位应当自设立或者开始从事粮油仓储活动之日起30个工作日内，向所在地粮食行政管理部门备案。

备案应当包括单位名称、地址、法定代表人、主要仓储业务类型、仓（罐）容规模等内容。具体备案管理办法由省、自治区、直辖市人民政府粮食行政管理部门制定。

粮油仓储单位应当具备以下条件：

第一，拥有固定经营场地，并符合本办法有关污染源、危险源安全距离的规定。

第二，拥有与从事粮油仓储活动相适应的设施设备，并符合粮油储藏技术规范的要求。

第三，拥有相应的专业技术管理人员。

此外，备案的粮油仓储单位在未经国家粮食行政管理部门批准，粮油仓储单位名称中不得使用"国家储备粮"和"中央储备粮"字样。

 以案释法 37

粮油仓储单位应在规定时间内向粮食行政管理部门备案

肖某是甲市某粮油仓储单位下岗职工，2010年9月1日，被反聘到甲市粮食收储公司工作，双方签订了书面劳动合同。合同载明：甲市粮食收储公司因工作需要，聘用肖某为聘用制职员，安排在甲粮油公司任保管员工作，主要工作任务、劳动定额、质量要求按公司管理办法执行；按计时工资形式支付肖某工资，试用期内工资为2000元，试用期满后工资为2500元，奖金依据企业经济效益状况和肖某的工作实绩考核情况确定等。

合同签订后，肖某在甲库点上班，这期间，肖某发现该粮食收储公司成立于2009年，成立后开始从事粮油仓储活动，但是至今都没有向所在地粮食行政管理部门进行备案，随后肖某向当地粮食行政管理部门举报。

 释解

《粮油仓储管理办法》第六条规定，粮油仓储单位应当自设立或者开始从事粮油仓储活动之日起30个工作日内，向所在地粮食行政管理部门备案。备案应当包括单位名称、地址、法定代表人、主要仓储业务类型、仓（罐）容规模等内容。具体备案管理办法由省、自治区、直辖市人民政府粮食行政管理部门制定。第二十八条规定，粮油仓储单位违反本办法第六条规定，未在规定时间向粮食行政管理部门备案，或者备案内容弄虚作假的，由负责备案管理的粮食行政管理部门责令改正，给予警告；拒不改正的，处1万元以下罚款。

本案中，该粮食储备公司成立于2009年，到肖某举报时已有一年多，还没有进行备案，已超过《粮油仓储管理办法》的备案时间，违反了上述规定，应由甲市负责备案管理的粮食行政管理部门责令改正，给予警告，如果该粮食储备公司在接到责令、警告后仍拒不改正的，可以根据上述规定对其处1万元以下罚款。

第二节　粮油出入库管理

一、粮油入库管理

粮油入库管理主要包括两个环节，分别是入库前准备工作和接收粮油入库，以下为具体内容：

（一）入库前准备

粮油入库前准备是入库工作的第一个环节，主要包括仓房准备、人员培训、空仓杀虫和仓储机械设备准备等，具体如下：

第一，仓房和货位的清理、归并、检查、整修、空仓杀虫。

第二，制定粮油入库计划，计算需要的仓房和货位的容量保证入库的需要。

第三，所有参加收粮工作的业务人员进行合理分工，组织各岗位业务人员进行业务培训。

第四，应用杀虫药剂对仓房、运输机械、装具、包装物、铺垫物、苫盖物杀虫处理。

第五，准备好粮食入库所需要的检化验设备、计量设备、输送设备、清理设备以及安全储粮需要预置在粮堆内的粮情检测设备，机械通风设备和环流熏蒸设备等。

（二）接收粮油入库

接收粮油入库是入库工作的重要环节之一，主要包括下列几项内容：

1. 严格检验

粮油仓储单位应当按照国家粮油质量标准对入库粮油进行检验，建立粮油质量档案。成品粮油质量档案还应包括生产企业出具的质量检验报告、生产日期、保质期限等内容。

2. 入库整理

粮油仓储单位应当及时对入库粮油进行整理，使其达到储存安全的要求，并按照不同品种、性质、生产年份、等级、安全水分、食用和非食用等进行分类存放。粮油入库（仓）应当准确计量，并制作计量凭证。

3. 准确记录

粮油仓储单位应当按货位及时制作"库存粮油货位卡"，准确记录粮油的品种、数量、产地、生产年份、粮权所有人、粮食商品属性、等级、水分、杂质等信息，并将卡片置于货位的明显位置。

二、粮油出库管理

粮油出库工作包括出库前准备、出库发运、出库后收尾三个工作环节：

（一）出库前准备工作

1. 科学编制粮油出库作业计划

粮库应根据上级主管部门下达的商品流转计划，结合业务经营需要和能够利用的合理运输方式及条件，科学地编制粮油出库作业计划。

2. 做好粮油清点整理工作

粮油出库，必须贯彻"推陈储新"和"好粮外调"原则，认真组织人员按照国家规定标准做好品质检验、除杂净粮、挑选整理等发货准备工作。

3. 检验质量、准确计量

粮油仓储单位应当在粮油出库前按规定检验出库粮油质量。粮油出库应当准确计量，并制作计量凭证，做好出库记录。

未经处理的严重虫粮、危险虫粮不得出库。可能存在发热危险的粮油不得长途运输。

（二）出库发运工作

1. 周密组织好发运作业

粮油装车（船）之前，发运单位应指派专人，会同承运部门人员，认真检查车（船）和粮油是否符合安全运输标准，若发现问题应及时处理并向上级汇报。

2. 现场交接清楚

装车（船）时，要会同站（港）现场工作人员认真点件计量交接清楚，做到一车一船（大船按舱）一单一清。要注意一车（船）尽量只装同一品种、同一等级、同一定量包（桶），不同品种、等级、数量的不得混装。

3. 规范装车（船）、履行交付手续

出库粮油包装物和运输工具不得对粮油造成污染。

车（船）装好后，发粮单位要按实装品种、数量以及粮油品质检验结果，按一车一船为单位，填写发货明细表及品质量检验报告，随车（船）交收货单位。

（三）出库后收尾工作

粮油仓储单位应当及时清除仓房、工作塔等仓储设施内的粉尘，按规定配置防粉尘设备，防止发生粉尘爆炸事故。禁止人员进入正在作业的烘干塔、立筒仓、浅圆仓等设施。

第三节　粮油储存管理

粮食是生命活体，从收获到入库，一直进行着呼吸作用，因而粮油在储存期间，由于管理不当造成发热、霉变、生虫等事故，其损失是很大的，因此，粮油储存期间的管理是一项非常重要的工作。

一、粮油仓储设备、设施管理

（一）粮油仓储设备管理

粮油仓储单位应当对仓房（油罐）编排号码，配备必要的仓储设备，建立健全设备使用、保养、维修、报废等制度。

粮油仓储单位应当按照仓房（油罐）的设计容量和要求储存粮油，执行《粮油储藏技术规范》等技术标准，建立粮油仓储管理过程记录文件。

（二）粮油仓储设施管理

粮油仓储单位仓储能力不足时，应当通过代储、租赁等方式，合理利用其他单位的现有粮油仓储设施，扩大仓储能力。粮油仓储单位应当与承储或者出租的单位签订规范的代储或者租赁合同，明确双方的权利义务。

现有仓储设施不足，确有必要露天储存粮油的，应当具备以下条件：

第一，打囤做垛应当确保结构安全，规格一致。

第二，囤垛应当满足防水、防潮、防火、防风、防虫鼠雀害的要求，并采取测温、通风等必要的仓储措施。

第三，用于堆放粮油的地坪和打囤做垛的器材不得对粮油造成污染。

二、粮油仓储年限、损耗管理

（一）粮油仓储年限管理

在常规储存条件下，粮油正常储存年限一般为小麦5年，稻谷和玉米3年，食用油脂和豆类2年。

（二）粮油仓储损耗管理

粮油仓储单位应当按照《粮油仓储管理办法》有关粮油储存损耗处置方法的规定处置粮油储存损耗。国家对政策性粮油储存损耗的处置方法另有规定的，从其规定。

储存粮油出库数量多于入库数量的溢余，不得冲抵其他货位或批次粮油的损耗和损失。

三、粮油仓储账目管理

粮油仓储单位应当设立粮油保管账、统计账、会计账，真实、完整地反映库存粮油和资金占用情况，并按有关规定妥善保管。库存粮油情况发生变化的，粮油仓储单位应当在5个工作日内更新库存粮油货位卡和有关账目，确保账账相符、账实相符。

四、粮油存储安全管理

（一）仓储单位人员管理

粮油仓储单位负责人对全部库存粮油的数量真实、质量良好、储存安全负责。粮油保管员、粮油质量检验员应当掌握必要的专业知识和职业技能，具备相应的职业资格。

（二）仓储单位制度管理

粮油仓储单位应当建立安全生产检查制度，定期对生产状况进行检查评估，及时消除安全隐患。

（三）仓储区环境管理

粮油储存区应当保持清洁，并与办公区、生活区进行有效隔离。在粮油储存区内开展的活动和存放的物品不得对粮油造成污染或者对粮油储存安全构成威胁。

（四）储粮化学药剂管理

储粮化学药剂应当存放在专用的药品库内，实行双人双锁管理，并对药剂和包装物领用及回收进行登记。进行熏蒸作业的，应当制订熏蒸方案，并报当地粮食行政管理部门备案。熏蒸作业中，粮油仓储单位应当在作业场地周围设立警示牌和警戒线，禁止无关人员进入熏蒸作业区。

（五）安全事故管理

库存粮油发生降等、损失、超耗等储存事故的，粮油仓储单位应当及时进行处置，避免损失扩大。属于较大、重大或者特大储存事故的，应当立即向所在地粮食行政管理部门报告。属于特大储存事故的，所在地粮食行政管理部门应当在接到事故报告24小时内，上报国家粮食行政管理部门。

粮油储存事故按照以下标准划分：

第一，一次事故造成10吨以下粮食或2吨以下油脂损失的为一般储存事故。

第二，一次事故造成10吨以上100吨以下粮食或2吨以上20吨以下油脂损失的为较大储存事故。

第三，一次事故造成100吨以上1000吨以下粮食或20吨以上200吨以下油脂损失的为重大储存事故。

第四，一次事故造成1000吨以上粮食或200吨以上油脂损失的为特别重大储存事故。

发生安全生产事故的，粮油仓储单位应当依法及时进行处理，并立即向所在地粮食行政管理部门报告。

第四节　相关附件规定

附件一：

关于污染源、危险源安全距离的规定

粮油仓储单位的固定经营场地至污染源、危险源的距离应当满足以下要求：

一、距有害元素的矿山、炼焦、炼油、煤气、化工（包括有毒化合物的生产）、塑料、橡胶制品及加工、人造纤维、油漆、农药、化肥等排放有毒气体的生产单位，不小于1000米；

二、距屠宰场、集中垃圾堆场、污水处理站等单位，不小于500米；

三、距砖瓦厂、混凝土及石膏制品厂等粉尘污染源，不小于100米。

附件二：

关于粮油储存损耗处置办法的规定

一、粮油储存损耗包括自然损耗和水分杂质减量：

（一）自然损耗是指粮油在储存过程中，因正常生命活动消耗的干物质、计量的合理误差、检验化验耗用的样品、轻微的虫鼠雀害以及搬倒中零星抛撒等导致的损耗。

（二）水分杂质减量是指粮油在入库和储存过程中，由于水分自然蒸发，以及通风、烘晒、除杂整理等作业导致的水分降低或杂质减少等损耗。

二、粮油储存损耗应当以一个货位或批次为单位分别计算，不得混淆。

三、自然损耗应当在一个货位或批次粮油出清后核销。其中，原粮的自然损耗按以下定额处置，在定额以内的据实核销，超过定额的按超耗处理并分析超耗的原因：

（一）储存半年以内的，不超过0.1%；

（二）储存半年以上一年以内的，不超过0.15%；

（三）储存一年以上的，不超过0.2%。

四、水分杂质减量应当实核实销：

（一）入仓前以及入仓期间发生的水分杂质减量应当在形成货位后核销；

（二）储存期间的水分杂质减量应当在一个货位或批次粮油出清后核销。

附录

国家粮食局关于印发《全国粮食行业法治宣传教育第七个五年规划（2016—2020年）》的通知

国粮政〔2016〕149号

各省、自治区、直辖市及新疆生产建设兵团粮食局,中国储备粮管理总公司:

为贯彻落实《中共中央关于全面推进依法治国若干重大问题的决定》,深入推进粮食行业法治宣传教育和法治粮食建设,根据《中共中央 国务院转发〈中央宣传部、司法部关于在公民中开展法治宣传教育的第七个五年规划（2016—2020年）〉的通知》（中发〔2016〕11号）要求和《全国人民代表大会常务委员会关于开展第七个五年法治宣传教育的决议》精神,我局制定了《全国粮食行业法治宣传教育第七个五年规划（2016—2020年）》,现印发给你们。请结合各地实际,作出具体安排,认真组织实施。

国家粮食局
2016年7月29日

全国粮食行业法治宣传教育第七个五年规划（2016—2020年）

为贯彻落实《中共中央关于全面推进依法治国若干重大问题的决定》,深入推进粮食行业法治宣传教育和法治粮食建设,根据《中共中央 国务院转发〈中央宣传部、司法部关于在公民中开展法治宣传教育的第七个五年规划（2016—2020年）〉的通知》要求和《全国人民代表大会常务委员会关于开展第七个五年法治宣传教育的决议》精神,结合粮食行业实际,制定本规划。

一、总体要求

（一）指导思想。高举中国特色社会主义伟大旗帜,全面贯彻党的十八大和十八届三中、四中、五中全会精神,以马克思列宁主义、毛泽东思想、邓小平理论、

"三个代表"重要思想、科学发展观为指导，深入贯彻习近平总书记系列重要讲话精神，坚持"四个全面"战略布局，坚持创新、协调、绿色、开放、共享的发展理念，按照全面依法治国新要求，认真贯彻落实全国"七五"普法规划，坚持服务粮食流通中心工作，深入开展粮食法治宣传教育，扎实推进粮食依法治理和法治创建，充分发挥法治宣传教育在深入推进粮食部门依法行政中的基础作用，推动粮食行业干部职工树立法治意识，为贯彻国家粮食安全战略、落实粮食安全省长责任制、服务粮食产业经济发展、增强国家粮食安全保障能力营造良好的法治环境。

（二）主要目标。粮食行业普法宣传教育机制进一步健全，法治宣传教育实效性进一步增强，依法治理进一步深化，粮食行业干部职工法治观念、依法办事能力和党员党章党规意识明显增强，形成粮食行业有法可依、粮食行政机关依法行政、粮食干部职工依法履职、粮食市场主体依法经营的法治氛围。

（三）基本原则。坚持围绕保障国家粮食安全、服务粮食流通中心工作开展法治宣传教育。坚持满足粮食行业发展法治需求，增强干部职工尊法学法守法用法意识。坚持法治宣传教育与依法治理有机结合，引导粮食行业党员干部和职工在法治实践中自觉学习、运用国家法律和党内法规，提升法治素养。坚持分类指导，突出抓好重点对象，带动和促进全行业普法。坚持创新发展，注重实效，不断提高法治宣传教育的针对性和实效性。

二、主要任务

（四）**深入学习宣传党章、习近平总书记关于全面依法治国和保障国家粮食安全的重要论述。**突出宣传党章，教育引导粮食行业党员尊崇党章，以党章为根本遵循，坚决维护党章权威，做党章党规党纪的自觉尊崇者、模范遵守者、坚定捍卫者。深入学习宣传习近平总书记关于全面依法治国的重要论述和保障国家粮食安全一系列重要讲话，了解和掌握全面依法治国的重大意义和总体要求，增强走中国特色社会主义道路的自觉性和坚定性，自觉把系列讲话作为做好粮食流通改革发展各项工作的思想武器和行动指南，增强粮食行业干部职工厉行法治的积极性和主动性，更好地发挥法治在保障国家粮食安全的引领和规范作用。

（五）**深入学习宣传以宪法为核心的中国特色社会主义法律体系。**坚持把学习宣传宪法摆在首要位置，在粮食行业普遍开展宪法教育，弘扬宪法精神，树立宪法权威，认真组织好"12·4"国家宪法日集中宣传活动，提高粮食行业领导和干部职工宪法意识，增强宪法观念，坚决维护宪法尊严。大力学习宣传宪法相关法、民法商法、行政法、经济法、社会法、刑法、诉讼与非诉讼程序法以及国际法等方面的法律法规，特别是党的十八大以来制（修）订的法律法规，引导粮食行业干部职工自觉守法、遇事找法、解决问题靠法。

（六）**重点学习宣传与粮食相关的法律法规和政策。**深入学习宣传国家安全法、中央储备粮管理条例、粮食流通管理条例、中央储备粮代储资格认定办法、粮油仓储管理办法、国有粮油仓储物流设施保护办法等涉粮法律、行政法规、部门规章和地方性法规、地方政府规章，组织开展粮食收购、储备粮管理、流通统计、仓储管理、仓储物流设施保护、市场监管、节粮减损、军粮供应、政策性粮食交易等方面的专题学习宣传活动。深入学习宣传依法行政领域的法律法规，推动粮食行政机关牢固树立"法定职责必须为、法无授权不可为"的意识。深入学习宣传食品安全法等粮食质量安全方面法律法规和标准技术规范，强化全社会粮食质量安全意识。深入学习宣传最低收购价等各项兴粮惠农政策，依法维护和保障种粮农民利益，提高农民种粮积极性，促进农村稳定发展和农民持续增收。深入学习宣传粮油消费知识，引导居民科学合理消费。深入学习宣传行政复议、行政诉讼、仲裁、信访等方面法律法规，引导群众依法表达诉求、维护权利，促进社会和谐稳定。

（七）深入推进粮食行业依法治理。认真贯彻《法治政府建设实施纲要（2015—2020年）》，全面落实《国家粮食局关于粮食行政管理部门深入推进依法行政 加快建设法治粮食的意见》，坚持法治宣传教育与法治实践相结合，持续推进粮食行业依法治理。健全完善粮食流通重大决策合法性审查机制，积极推行法律顾问制度。深化粮食行政审批制度改革，严格规范行政审批行为，确保行政审批全过程依法有序进行。坚持严格规范公正文明执法，实行粮食行政执法人员持证上岗和资格管理制度，重点做好粮食收购、储存、政策性粮食购销、储备粮管理等方面的监督检查，依法严肃查处各类涉粮案件。坚持以公开为常态、不公开为例外原则，全面推进粮食政务公开。深入推进粮食依法行政示范创建活动，提高粮食法治化水平。

三、重点对象

（八）增强粮食行政机关领导干部尊法学法守法用法的意识和自觉。坚持把领导干部带头学法、模范守法、严格执法作为树立法治意识的关键，健全完善党组中心组学法制度，把宪法法律、党内法规、与保障国家粮食安全有关的法律法规和政策列入党组中心组学习内容，把尊法学法守法用法情况作为考核领导班子和领导干部的重要内容。领导干部要带头学习宪法法律，带头厉行法治，严格依法决策，做尊法学法守法用法的模范；加强党章和中国共产党廉洁自律准则、纪律处分条例、巡视工作条例、问责条例等党内法规学习教育，增强党章党规党纪意识，严守政治纪律和政治规矩，在廉洁自律上追求高标准，自觉远离违纪红线。

（九）重点做好粮食行政机关工作人员的学法用法。完善粮食行政机关工作人员学法用法制度，创新学法形式，拓宽学法渠道，加大机关工作人员初任培训、任职培训中法律知识的培训力度，把法治观念强不强、法治素养好不好作为衡量干部德才的重要标准，把能不能遵守法律、依法办事作为考察干部的重要内容。机关工作人员要结合岗位工作需要，有针对性地加强与履职相关法律知识的学习，保证学习时间和效果，切实增强自觉守法、依法办事的意识和能力；深入学习党章和党内法规，提升尊崇党章党规、敬畏党章党规、遵守党章党规的思想自觉和行动自觉。

（十）**重点做好各类粮食经营主体的法治宣传教育。**加强对粮食经营主体应履行的法定义务的宣传教育，提高诚信守法、依法经营的意识和能力。加强市场经济领域法律法规的宣传教育，提高企业经营管理人员依法管理能力和市场风险意识，促进各种所有制粮食企业共同发展。加强劳动合同、安全生产、社会保障等方面法律法规的宣传教育，引导企业职工依法维权，自觉运用法律手段解决矛盾纠纷。

（十一）**重点做好粮食生产者、消费者的法治宣传。**提高为粮食生产者、消费者的服务意识和水平，主动深入种粮农户和粮食收购现场，宣传粮食政策规定和技术规范，开展涉粮法律法规和政策咨询服务，增强粮食生产者安全储粮能力和依法维权意识；结合"放心粮油"活动，开展消费者权益保护、粮食质量安全等方面法律法规的宣传，增强消费者食品安全意识，切实保障人民群众"舌尖上的安全"。

四、工作措施

（十二）**健全普法宣传教育机制。**粮食部门要加强对普法工作的领导，高度重视普法工作，认真履行普法责任。粮食部门普法机构要结合当地实际和不同普法对象的法治需求，扎实开展粮食法治宣传教育。鼓励引导粮食行政执法人员、法律服务人员、大专院校法律专业师生加入粮食普法志愿者队伍。有条件的粮食部门可以选聘优秀法律和党内法规人才开展专题法治宣讲活动。加强工作考核评估，建立健全工作考评指导标准，注重考核结果的运用。认真开展粮食行业"七五"普法中期检查和总结验收，健全激励机制。

（十三）**健全普法责任制。**实行国家机关"谁执法谁普法"的普法责任制，建立普法责任清单制度。建立粮食行政执法人员以案释法制度，在执法实践中开展以案释法和警示教育，引导粮食法治风尚。组织编写粮食行业"七五"普法教材，对法治宣传骨干进行集中培训。粮食行业各级党组织要坚持全面从严治党、依规治党，切实履行学习宣传党内法规的职责，把党内法规作为学习型党组织建设的重要内容，充分发挥正面典型倡导和反面案例警示作用。

（十四）**推进粮食法治宣传教育工作创新。**创新工作理念，坚持服务粮食流通中心工作，增强普法工作实效。创新方式方法，坚持集中法治宣传教育与经常性法治宣传教育相结合，深化法律进机关、进乡村、进企业、进社区、进学校、进单位的"法律六进"粮食主题活动。创新宣传阵地，增加粮食部门服务窗口法治宣传教育功能，充分运用本地政府和本部门网站平台，推进"互联网＋粮食法治"宣传行动。有条件的粮食部门可以利用微信、微博、客户端等开展普法活动。

五、组织领导

（十五）**切实加强领导。**粮食部门要定期听取法治宣传教育工作情况汇报，及时研究解决工作中的重大问题，全面抓好规划各项任务的落实。加强法治宣传教育队伍建设，明确工作机构，配齐配强工作人员。各省级粮食部门要根据本规划和当地"七五"普法规划，结合实际，研究制定本地区粮食行业普法工作方案。

（十六）**加强工作指导**。粮食部门普法机构要结合实际，区别对待，分类指导，增强法治宣传教育的针对性、有效性。坚持问题导向，深入基层，积极解决问题，努力推进工作。认真总结推广普法工作中的好经验、好做法，充分发挥先进典型的示范和带动作用，推进粮食法治宣传教育不断深入。

（十七）**加强经费保障**。粮食部门要将法治宣传教育工作经费列入本级部门预算，积极争取财政部门支持，切实予以保障，并建立动态调整机制，保证粮食法治宣传教育工作的正常开展。

（十八）**加强督导检查**。上级粮食行政机关要加强对普法工作的督导和检查，结合年度普法依法治理工作要点以及"七五"普法中期检查和总结验收，开展年度和阶段性检查、专项督查，确保粮食法治宣传教育工作取得实效。